爸妈说给青春期男孩的心里话

第2版

杜金环 ◎ 编著

中国纺织出版社有限公司

内容提要

青春期是朝气蓬勃的年纪,但也是充满暴风雨的年纪,每个青春期的男孩,都要面对各种各样成长的烦恼,而这些烦恼,都需要我们父母为他们指点迷津,解疑答惑。

本书就是从青春期男孩的教育问题出发,对青春期男孩遇到的各种困惑予以解答,并且对他们这段时间的人生观、价值观予以正确的引导,以帮助每个青春期男孩以乐观的心态去迎接他们未来的人生!

图书在版编目(CIP)数据

爸妈说给青春期男孩的心里话/杜金环编著. --2版. --北京:中国纺织出版社有限公司,2021.4
ISBN 978-7-5180-7392-4

Ⅰ. ①爸… Ⅱ. ①杜… Ⅲ. ①男性—青春期—家庭教育 Ⅳ. ①G782

中国版本图书馆CIP数据核字(2020)第076544号

责任编辑:江 飞　　责任校对:高 涵　　责任印制:储志伟

中国纺织出版社有限公司出版发行
地址:北京市朝阳区百子湾东里A407号楼　邮政编码:100124
销售电话:010—67004422　传真:010—87155801
http://www.c-textilep.com
中国纺织出版社天猫旗舰店
官方微博http://weibo.com/2119887771
三河市宏盛印务有限公司印刷　各地新华书店经销
2012年7月第1版　2021年4月第2版第1次印刷
开本:880×1230　1/32　印张:7
字数:121千字　定价:39.80元

凡购本书,如有缺页、倒页、脱页,由本社图书营销中心调换

前言

人们常说："可怜天下父母心"，很多父母，都希望自己的儿子能成为顶天立地的男子汉，能阳光、健康地成长。而如果你的儿子现在十几岁，你是否发现：这一两年的时间里，他似乎变化了不少，不仅长高了很多，身体也变结实了，并且，似乎性格都变了，变得不再爱说话，也不调皮了，心里好像总有些事，也不愿意向父母倾诉了，还开始关注起自己的外貌，不是说："最近怎么满脸都是痘痘"，就是说"不要你管"……一些父母感叹，我的儿子是怎么了？

其实，这都是青春期惹的祸，这些语言和这些行为都是我们的儿子进入青春期的表现。

那么，什么是青春期呢？心理医生认为，在10岁之前是孩子对父母的崇拜期，而12～16岁是孩子的"心理断乳期"，孩子进入到这个年龄段，随着身体的发育、所学知识的增加以及知识面、阅历的增加，他们的自我意识增强，他们渴望脱离对父母的依赖，因此，极易对父母产生"逆反心理"，不服父母的管教。

很多父母为此操碎了心，一方面，儿子正处在青春期，会面临很多成长中的烦恼，如生理上的困惑、心理的烦恼，还

有学习上的问题，这些都导致孩子需要倾诉出来，而孩子似乎已经对自己锁上了心门；另一方面，青春期是个特殊的时期，犹如暴风雨般，一不小心，孩子就有可能偏离正确的人生轨道……诚然，男孩虽然没有女孩娇贵，但面对青春期的这些变化，也会感到忧虑、惶恐和不安，作为父母，我们有义务帮助孩子排除这些负面情绪，让他健康、快乐地度过青春期。

因此，身为父母，我们需要给青春期的儿子上一堂青春期的课程，这一课程包含生理、心理、心态以及社会方面的知识，让儿子能用一种积极健康的心态面临青春期遇到的各种问题。

本书就是立足于十几岁男孩的教育问题。书中对很多男孩的成长经历和成长困惑，给予了详细的解答，并且对他们这段时间的人生观、价值观予以正确的引导，这不仅是一本成长指南，更是一本教育心经。希望本书能帮助青春期男孩在暴风雨般的青春期快乐、健康地成长！

编著者

2020年6月

目录

第一篇 青春期到来，身体有了这些变化

第1章 青春绽放，身体体征有了这些变化 ‖ 002

　　说话声音突然变了是怎么回事 ‖ 002

　　突然变成了"毛孩子" ‖ 007

　　出汗了就浑身臭臭的，真难受 ‖ 010

　　男孩子的"乳房"也会发育吗 ‖ 014

　　为什么我比那些女生还矮 ‖ 018

第2章 隐私地带，下身出现这些变化别困扰 ‖ 023

　　男性生殖器官是什么样子的 ‖ 023

　　了解睾丸的结构 ‖ 028

　　什么是包皮过长和包茎 ‖ 030

　　私密处发痒发炎了怎么办 ‖ 035

　　为什么阴茎有大有小 ‖ 039

第3章 关注身体，男孩也要保护自己 ‖ 044

　　注意私密处的卫生 ‖ 044

　　保护你的私密处，避免受伤 ‖ 048

有性幻想，我感觉到很羞耻 ‖052

早晨，下面为什么会挺立 ‖057

自慰，有哪些危害 ‖060

第二篇 悸动青春，也别让这些问题困扰你

第4章 焦虑不安，让躁动的心归于宁静 ‖066

为什么一看到女生就紧张 ‖066

与异性相处，有什么方法 ‖071

喜欢一个女生，我要表白吗 ‖075

我竟然收到了一封情书 ‖080

第5章 花季困惑，梳理这些成长中的烦恼 ‖085

为什么一上课精神就无法集中 ‖085

青春期的男孩也"好面子" ‖089

在女孩心里，怎样的男孩更招人喜欢 ‖093

上网可以，但别沉溺网络 ‖097

第6章 拨开阴霾，让心智健康成长 ‖103

杜绝烟酒，心智健康成长 ‖103

保护自己，别涉足危险禁区 ‖108

远离"黄毒"，别让青春失色 ‖112

了解并远离毒品的危害 ‖115

第三篇　积极阳光，青春与快乐同行

第7章　创造健康，好男儿要身体健美 ‖122

　　每天要保证营养充足 ‖122
　　热爱运动，运动带来健康 ‖126
　　青春期常见病如何预防 ‖130
　　作息规律，挑灯夜战不可取 ‖134

第8章　主动沟通，构建轻松融洽的师生和亲子关系 ‖138

　　烦人的"唠叨"，让人窒息 ‖138
　　我与父母有代沟，如何沟通 ‖142
　　为什么讨厌某位老师 ‖146
　　亦师亦友，和老师成为朋友 ‖150

第9章　积极交往，如何做一个受人欢迎的少年 ‖154

　　"礼"多人不怪，有礼的少年更得人喜欢 ‖154
　　走出去，多参加有意义的社交活动 ‖158
　　大胆交流，陌生人面前不怯场 ‖161
　　真诚待人，做值得同学信任的人 ‖165

第四篇　修炼品格，成为一个顶天立地的男子汉

第10章　品质第一，男孩要努力修炼这些品性　‖170

内心坚韧，掌控你的情绪　‖170

抛却虚荣心，做认真踏实的男子汉　‖174

果断行事，优柔寡断是成功之大忌　‖178

制订计划，按计划行事更易成功　‖181

第11章　勤奋惜时，趁着大好时光努力学习　‖186

明确学习动机，学习是为了你自己　‖186

找到你的学习方法，提升学习效率　‖190

一颗平常心，轻松应对考试成功和失利　‖193

即将升学，如何卸下压力　‖197

第12章　展望未来，好男人尽早树立人生志向　‖201

戒除依赖，做独立男孩　‖201

接触社会，多参与社会活动　‖205

为自己找一个行为的榜样和偶像　‖208

假期打工，多历练自己　‖212

参考文献　‖216

第一篇
青春期到来，身体有了这些变化

青春期一直被认为是个困惑时期，这一时期，在内分泌因素的诱导下，身体多会发生许多引人注目的变化，而其中最明显的改变就出现在男孩子身高生长突然增快和第二性征的发育上面。作为一个处于青春期的男孩子，应该了解自己的身体，以便能更顺利地度过这个青涩的年龄阶段。

第1章　青春绽放，身体体征有了这些变化

青春期是人生命曲线的又一个高峰期，当青春绽放的时候，你是否注意到自己的身体有了新的变化：声音突然变得沙哑，身体上开始出现"草丛"，胡子也开始长起来，脸上还冒出了讨厌的痘痘……一系列变化，给正处在青春期的你带来了一些困惑和烦恼，下面我们就对这些情况一一详解，帮助你健康地度过青春期。

说话声音突然变了是怎么回事

青春期男孩子的困惑：我变成唐老鸭了吗？

一进门的楠楠被班里同学围了起来，班里最调皮的男生小柯大声喊道："大家快来看啊，唐老鸭来了！"楠楠感觉很奇怪，唐老鸭？谁是唐老鸭？楠楠一把拉住小柯，说："小柯，谁是唐老鸭啊？"一张口，楠楠才发现自己的声音不知道怎么变得沙哑起来，真像唐老鸭的声音，他急忙捂住了自己的嘴巴，小柯大声笑道："谁？不就是你嘛，听听你的声音，跟唐老鸭的声音差不多，我说你最近是不是动画片看多了？"楠楠想大叫，但感觉自己嗓子发紧，好像声音越来越小了。楠楠心

第1章　青春绽放，身体体征有了这些变化

想：是不是昨天晚上把被子踢掉了，感冒了。他不禁摸了摸自己的额头，咦？不烫啊，那自己的声音怎么会这样呢？

楠楠带着满肚子的疑惑坐到位置上，就听到了班里同学大声喊"第一节课上音乐课，数学老师有点事，调课了"。下面传来一阵欢呼声，连楠楠都忍不住大叫一声"好啊"。同桌娜娜有点儿奇怪地看着楠楠："楠楠，你的声音怎么了？感冒了吗？好难听哦。"这时，站在旁边的小柯说了一句："确实很难听，你不觉得挺像唐老鸭的声音吗？"听了小柯的话，娜娜笑了起来，楠楠也有点难为情地笑了笑："我一会儿就去买感冒药。"

音乐课上，老师为了检查同学们在下面练习得怎么样，就点名几位同学起来单独唱歌，楠楠也在被点名之列。前面几位同学都唱得很好，轮到楠楠了，他一点儿也不紧张，因为他是班里公认的"百灵鸟"。可是，他刚开口唱出第一句，就引来了全班哄堂大笑，那声音异常嘶哑，完全失去了童声的纯真。楠楠自己也被吓坏了，呆在那里。音乐老师微笑着走到他身边，亲切地告诉他："不要担心，这是青春期的变化。"青春期？楠楠心里充满了疑惑。

晚上回到家，楠楠放下书包就跑到书房里去翻抽屉，坐在客厅的爸爸看到了，觉得很奇怪，问道："楠楠，你在干吗呢？赶快来写作业，写完了作业，咱们也好开饭。"楠楠抬起头来问爸爸："爸爸，咱们家的感冒药放哪里了？"爸爸满脸

疑惑:"找感冒药干什么呢?你感冒了吗?"说完,他走上前摸了摸楠楠的额头,又说道:"不烫,你没感冒啊。"楠楠也是奇怪地看着爸爸说:"但我的声音怎么像唐老鸭一样啊,同学们都笑话我,我以为自己感冒了。"这时,爸爸也注意到了楠楠声音的变化,他神秘地对楠楠说:"别瞎猜了,那是因为你长大了,开始进入青春期了,而声音也开始进入变声期了。"

爸妈送给楠楠的话

在这里,爸妈想跟你聊聊关于青春期男孩子变声的问题。一个人的声音是随着年龄的增长而不断发生变化的,从幼儿、童年、青少年、成年到老年,各个年龄阶段的声音都有着不同的变化,尤其是你们男孩子。当你们开始步入青春期的时候,声音的变化将表现得最为明显,如音域会变得狭窄,声音会变得沙哑,在唱歌时还容易破音、跑调等。这些变化其实都是青春期男孩子的正常变化,千万不要担心,你只需要保护好自己的嗓子就行了。

为什么男孩子进入了青春期,声音就开始变得嘶哑,甚至出现像唐老鸭那样难听的声音呢?我想你肯定注意到爸爸的声音要比你低沉很多吧,那你问过为什么会这样吗?是否爸爸的声音一直都是这样低沉、浑厚呢?当然不是,我在小时候也有

第1章 青春绽放，身体体征有了这些变化

像你那样纯真的童声，后来经过了青春期的变声期，才变成了这样低沉、浑厚的嗓音。现在，你的声音变化还没有完成，所以有时候会听起来粗哑尖利、变调，令人尴尬。但这并没有什么好担心的，几个月之后，你的声音就会平稳起来，因为声带发育的完成是需要一点时间的。

🔊 你需要了解的知识点

那么，什么是青春期的变声期呢？下面就让爸妈与你一起揭开它神秘的面纱吧。

1. 变声期是怎么回事呢

变声期一般发生在初一，即12~14岁，在此期间，由于男生的喉头变大、声带增长，从而导致男生的音域狭窄，表现为发音疲劳、声音嘶哑等，俗称"破嗓子"。而科学的解释就是：一般情况下，男孩子进入青春期以后，无论是身高、体重，还是身体的其他器官都会迅速发育，其中声带、咽、喉等器官都在短期内迅速成长、变化，说话、唱歌时的声音也与童年时代不同，这种嗓音发生明显变化的时期就称为变声期。

当你进入变声期，你可以对着镜子认真地观察自己，这时，你会发现自己的喉结变大了，尽管不是很突出。现在你就需要耐心地等待，再过一个时期，你的嗓音就会由童声变得粗而低沉，酷似成年男性的说话声音，到那时喉结会突出得更明显。

2. 变声期对嗓子的保护

当然,不同的孩子,变声期是不一样的,有的孩子变声期较短,可能才4~6个月;但有的孩子变声期较长,可长达一年。而且,在变声期你的声带会发生比较明显的变化,声带充血、肿胀、分泌物增多,所以,在步入变声期的时候,你的嗓子就很容易受损伤。

那么,如何来保护这一时期的嗓子呢?为了保护好自己的嗓子,男孩子在这一时期要收敛个性,不要大声喊叫,尽量避免长时间的大声说话;尽量避免外界因素的不良刺激,如吸烟、吃刺激性食物等;做到劳逸结合,积极参加体育活动,防止受凉感冒。

3. 不要为此感到担心

当你处于变声期的时候,你的声音可能全混乱了,它会一会儿又高又尖,一会儿又低又沙哑。这会让你感到很无奈,因为你不能控制声音的这些变化。它有可能在错误的时间变得又高又尖,让你当众出洋相,成为同学们取笑你的原因。这可能会给你带来烦恼,但是记住:这是你成长的标志,也是从青少年到成年的成年礼,有些男孩子也许会嫉妒这件事先发生在你身上呢!

第1章 青春绽放，身体体征有了这些变化

突然变成了"毛孩子"

青春期男孩子的困惑：开始变"大猩猩"了？

这些天，楠楠老觉得自己下身痒痒的，他也没怎么在意，晚上洗澡的时候，他脱下了裤子，惊呆了，怎么几天不见，那地方长满了"毛"？楠楠仔细一端详，只见那一小丛卷曲的毛发错落有致地布满在"小弟弟"的周围。这是怎么了？生病了吗？他试着将毛发扯掉，但太疼了，摆弄了一会儿，楠楠也想通了，反正这地方别人也看不到，不管它。不过，楠楠在照镜子的时候，一抬手突然发现自己腋窝也长了毛毛，这让楠楠觉得自己好像一只"大猩猩"，看上去一点儿也不雅观。最要命的就是上体育课的时候，平时楠楠都喜欢穿背心，但现在他特意带了长袖T恤，就是害怕被班里的同学取笑。

这天，楠楠在换衣服的时候，还是被眼尖的同学看到了，他们问道："楠楠，你腋窝那里黑乎乎的是什么啊？"有同学凑近了看，笑道："原来是长毛了啊！""哈哈！"同学们都笑了起来，这一笑声还引起了一些女同学的注意，纷纷投来了惊讶的目光。在大家的注视下，楠楠感到十分难为情，心想：自己得想办法将这些毛处理掉才是，否则，这怎么见人啊！

晚上回到家，楠楠就问坐在客厅里的爸爸："爸爸，你的剃须刀在哪里呢？"爸爸一边看报纸，一边回答说："在客

厅的抽屉里,你找那个干什么啊?"楠楠有点儿不耐烦:"有用,你就别问了。"爸爸感到很奇怪,这孩子还没长胡子呢,怎么就需要剃须刀了?为了弄清楚到底怎么回事,爸爸悄悄跟着楠楠,想看看他拿着剃须刀干什么。

他看见楠楠偷偷地进了卫生间,手里还拿着剃须刀。透过门缝,爸爸看见楠楠脱下了衣服,对着镜子,抬起左手,准备"剃毛"。爸爸哈哈大笑,说道:"你在干什么呢?拿我的剃须刀剃毛?"楠楠不好意思地回过头,向爸爸抱怨说:"爸爸,我想把腋毛刮掉,太不雅观了,害得我经常被同学取笑。"爸爸意味深长地说:"孩子,这是你身体成长的必然过程,你看电视上很多运动员,谁不长毛呢?这是男子汉的象征,不要觉得很难为情,你应该感到高兴,因为自己长大了。谁都不能拒绝成长,因为成长是一件十分美好的事情。"楠楠拿着剃须刀,对着镜子里的自己,自言自语:我真的是一个男子汉了吗?

💬 爸妈送给楠楠的话

孩子,当你开始进入青春期以后,细心的你可能会发现,自己的身上开始长毛了。那些长出来的毛发,令自己感到很不适应。其实,这是你身体成长的必然过程,不信,你可以观察那些成年的男子,谁不长毛呢?这是男子汉的象征,千万不要

第1章 青春绽放，身体体征有了这些变化

觉得不好意思，也不要想着将它除去，因为你越是想办法除掉它，它就会长得越"茂盛"。

刚开始的时候，最先"长毛"的部位是在阴部，也就是"小弟弟"的地方。随着时间的推移，青春期的继续，这些长出的阴毛将会变得越来越黑，越来越粗，越来越多，形状也会变得更加卷曲，直到20岁左右，它就会变成成年男性的模样：浓密、粗黑、卷曲，呈菱形分布。另外，你也许还会发现，进入青春期后，你的胳膊、腿上开始长出许多的汗毛，在腋窝也会长出浓密的"汗毛"，甚至，有的男孩子身上的毛发还会蔓延到胸部、腹部、背部、肩部乃至手臂。

你需要了解的知识点

身体开始长毛，并不意味着自己将要变成大猩猩了，这其中蕴涵着青春期的变化。

1. "长毛的秘密"

男孩子进入青春期以后，身体开始长毛，之所以有这样的身体变化，那是男孩子进入青春期以后，由于体内雄性激素的分泌而出现的男性特征，这是很正常的生理现象。处于青春期的你，不要觉得难为情，也不要拒绝毛发生长这一现象，更不要故意遮挡这样的身体变化。你需要认真地对待身体的变化，正确地看待这一现象。

2. 不需要在意"体毛"的多与少

可能不是每一个男孩子都能接受自己身上体毛的数量,有的男孩子觉得浓密的体毛会给自己带来尴尬,他们更希望自己"少一点儿毛发",所以这些"有着浓密毛发"的男孩子会显得很自卑。其实,这是一种错误的理解。有的男孩子之所以体毛会比较多,那是遗传或皮肤的因素,并不具有任何代表意义。所以,你根本不需要在意身上的体毛是多还是少。

在成人的世界里,为爸妈或者其他人所喜欢的男孩子,并不是看他的毛多还是毛少,而是看他做了什么,是否能承担起自己的责任。所以,处于青春期的男孩子不要为这些浓密的体毛而产生困扰,也不要觉得这样的自己显得不那么帅气了。恰恰相反,体毛是男性的象征,它反而会为你纤弱的身子骨增添一股男子汉气概,使你成为真正的男子汉。

出汗了就浑身臭臭的,真难受

青春期男孩子的困惑:怎么会是"臭男人"?

上完了体育课,楠楠似乎意犹未尽,又约上了好朋友一起在操场上与班里的同学玩起了篮球。只见同学将球传给了楠楠,精力充沛的楠楠左突右冲,然后双手投球,"球进了!"

第1章 青春绽放，身体体征有了这些变化

楠楠抑制不住内心的兴奋，振臂欢呼道。不一会儿，楠楠就感觉衣服已经被汗水湿透了，他索性脱下衣服，光着膀子就冲进篮球场。

天快黑了，在球场上疯了一下午的楠楠背着书包坐上了回家的公交车。在车厢里，楠楠一手抱着外套，一手拉着扶手，还在回忆着刚才的球赛。这时，旁边座位上的小女孩叫了起来："妈妈，这个大哥哥身上好臭呀！"大哥哥？难道说的是我吗？楠楠有些不好意思，嗅了嗅自己身上，还真有一股臭味。最近也不知道是怎么了，每次出汗后，身上都会散发一股臭味。楠楠一边想着，一边把身子朝另外一边挪了挪。晚上回到家洗澡的时候，楠楠特意用香皂抹了三遍，还偷偷用了一些妈妈的香薰沐浴露，直到嗅到自己身上香喷喷的，他才穿着衣服从卫生间走了出来。

没想到第二天早上，贪睡的楠楠起床的时候已经是七点半了，他连早饭都来不及吃，就朝学校跑去。满头大汗跑到了教室门口，正听到上课铃声响了，楠楠不禁长吁了一口气。不料坐到了位置上，同桌娜娜直喊："楠楠，你怎么这么不讲卫生呢？天天不洗澡。"这话引来了周围不少同学的侧目，楠楠辩解道："真的不是，昨晚我洗了很多次呢？"说完，又嗅嗅自己身上，衣服已经被汗水浸湿了，果然散发出一股臭味，他心里满是疑惑。娜娜偏过头，摆摆手说："怪不得，我妈妈老是

说'臭男人,臭男人',原来,你们真的很臭。"楠楠听了,有些哭笑不得。看来,晚上回家要问问爸爸,这臭男人是怎么回事?自己难道变成了一个臭男人了?

爸妈送给楠楠的话

孩子,你们经常听到的"臭男人"并不是指男人身上真的有臭味。到了青春期,爸妈就猜到你会被自己身上因出汗而散发出来的臭味而困扰,尤其是你们在面对班里女孩子的时候,或者在公交车上的时候,别人的侧目、议论都让你感到很难堪,甚至恨不得找个地缝钻进去。而且,这样的情况好像改善不了,即使你回家用香皂洗了无数遍,喷了妈妈的香水,只要一出汗,还是掩盖不住那臭臭的味道。其实,这闻上去很臭的味道却是你青春期特有的标记,在尚未进入青春期之前,你身上是没有那种臭味的。但当男孩子进入了青春期,就会发现,一运动就喜欢出汗,而一出汗就会有臭味,这是男孩子处于青春期特有的身体变化,你根本不需要为此感到害怕或担忧。

你需要了解的知识点

对于男孩子来说,在出汗之后稍微有点异味,是不用过多地担心的,因为这样才显得自己有男人味。下面,爸妈将为你说说这"臭味"的来源以及延伸出来的知识点。

1. "汗臭"是怎么来的

许多男孩子感到很奇怪，在进入青春期之前，自己浑身可是干干净净的，虽说不上香喷喷，但却没有什么异味，难道青春期的到来也带来了那刺鼻的汗臭吗？在青春期前，由于你身体中的大汗腺尚未成熟，分泌功能并不发达，所以不会出现汗臭。当你进入了青春期，身上开始长毛，特别是腋窝里也长出了浓密的毛毛，其实这就是汗腺排出体液的通道。这时候，你身上的性腺分泌旺盛，大汗腺分泌功能增强，而大汗腺分泌物经体表的细菌分解后可以生成许多不饱和脂肪酸和氨，从而散发出臭气。

青春期汗多汗臭是因为大汗腺腺体比较大，主要存在于腋窝、肛门等处。大汗腺分泌弱碱性物质，分泌物浓稠、含铁多，且含有蛋白质成分，故容易散发出酸腐的气味。大汗腺分泌汗液由神经支配，不受暑热影响，但受性腺影响。

2. 如何区别"汗臭"与"狐臭"

有的男孩子看多了电视广告，想当然地认为汗臭就是狐臭，其实这是错误的看法。那么，相对于汗臭，狐臭是什么呢？狐臭又称腋臭，是由腋下、会阴、背上部位的大汗腺分泌物中散发出的一种特殊难闻的气味，它主要是由于腋下大汗腺分泌物中产生的挥发性脂肪酸，被一种特殊的链球菌感染后分解产生的一种难闻的气味。

有的狐臭是遗传性的，一般在两腋窝处，这两处的汗腺由于基因的缘故，分泌的汗液过于黏稠且含有异味。另外，狐臭与流汗并没有直接的关系，虽然流汗时也可能伴随着狐臭，但有的人并不会，这主要是遗传的因素所致。

3. 如何减少臭味

当然，出了汗，身体散发出臭味，这是不可避免的，也就是说，不能完全根除身体的臭味。那么，如何才能减少那些臭味呢？你只需要在生活中经常换洗衣物，多注意个人卫生，就能减少汗臭。另外，出汗对身体的健康有好处，因为体内的废物及水分能随汗水排出体外，从而促进新陈代谢，同时亦能调节体温。

男孩子的"乳房"也会发育吗

青春期男孩子的困惑：怎么有来历不明的肿块？

早上，楠楠正准备穿衣服，不小心触碰到了自己的胸部，一阵钻心的疼，楠楠有些害怕起来。早在两周以前，楠楠就发现自己的乳房变得有点儿硬，当时也没怎么在意，心想过几天就会好起来的。结果，到了今天还不见好转，乳头那里还是硬硬的，摸起来会感觉到轻微的疼痛。楠楠心里虽然有些担心，

第1章 青春绽放，身体体征有了这些变化

但是又不好意思跟妈妈说，而爸爸又很早上班去了。

中午休息的时候，楠楠和同学一起打篮球，在与对手抢球的过程中，被同学推了一下，正好碰到了胸部那硬块，楠楠当即大叫一声，就蹲在地上不动了。同学们看见楠楠疼成那样，急忙过来问道："怎么了，楠楠？"楠楠皱着眉头，指了指胸前，直说："疼。"同学们感到很疑惑："胸口怎么了？我好像没怎么用力推你啊，你真是弱不禁风。"楠楠坐在地上休息了一会儿，满怀担忧地走进了教室。

谁料，楠楠刚刚坐在位置上，同桌娜娜就凑了过来，很八卦地说："哎，你知道吗？我们的语文老师生病了，听说得的是乳腺癌，好像很危险，班里正在组织捐款呢，你也赶快捐款去呗。"楠楠听到"乳腺癌"这三个字，心里咯噔一下，他小声问道："乳腺癌是什么病啊？"娜娜悄声地回答："我也不清楚，好像是乳房那里长了个硬块，摸起来还很疼呢，这个病不好治的，搞不好得把乳房给割了，而且不一定能治好。""啊？"听了娜娜的话，楠楠一阵后怕，好像自己的症状跟娜娜说的一模一样，该不会自己也得了乳腺癌了吧。

想了想，楠楠按捺不住心中的担忧，朝学校医务室跑去了。在医务室里，楠楠显得窘迫不安，不知道怎么开口。在医生亲切地开导下，楠楠终于吐露了自己的秘密。

💬 **爸妈送给楠楠的话**

孩子,在进入青春期以后,你的身体将会发生各种各样的变化,其中,你的"乳房"也会有些细微的变化。可能突然有一天你醒过来,会发现自己胸部有了硬块,用手去按,还会感觉到轻微的疼痛,而自己是一个男孩子,怎么会胸部疼痛呢?我们相信,身体如此的变化肯定会令你感到十分窘迫。在青春期,乳房的发育是青春期女孩儿较早出现的第一性征,这主要是由于女性卵巢所分泌的雌激性水平高,刺激乳腺腺泡和乳腺管的发育,使得乳房隆起。

不过,同处于青春期的男孩子,偶尔也会感到自己的"乳房"部位有点儿疼痛,用手去摸,发现"乳房"部位有硬块存在。这到底是怎么回事呢?孩子,如果你的身体出现了这样的情况,不要惶恐不安,也不要感到难为情。作为一个青春期的男孩儿,出现青春发育期的"乳房"硬块,这是正常的生理变化。当然,如果疼痛较为异常,这就需要告诉爸爸妈妈,或者咨询医生。

🔊 **你需要了解的知识点**

孩子,你正处于青春期,身体各个部位自然会发生一些显著的变化,"乳房"长了小硬块,感觉到疼痛,这都是正常的生理现象,也是你成长的标志。作为父母,看到你身上出

第1章 青春绽放，身体体征有了这些变化

现这么多的变化，我们感到很欣慰，也很骄傲，咱们的宝贝终于要长大了。下面，爸妈将告诉你一些关于这方面的生理知识。

1. 乳房在青春期的变化

从生物学上来说，乳房是由乳腺组织和脂肪及结缔组织构成的，另外，在乳腺细胞的表面还存在着能识别和接受雌激素的特殊结构。当雌激素与乳腺细胞的受体结合后，乳腺细胞的代谢就活跃起来，使乳腺细胞增生，乳房发育隆起。

当你步入青春发育期后，睾丸在分泌雄激素的同时，也分泌少量的雌激素，当然这个少量是微乎其微的。雌激素便使乳头部位的乳腺细胞不断增殖，导致"乳房"形成硬块。所以，青春期男孩的"乳房"硬块常处于乳头下面，当你触摸的时候会感觉到疼痛。

2. 青春期男孩子"乳房"发育并不少见

其实，青春期男孩出现"乳房"增大或称男性"乳房"发育的并不少见，据相关资料显示，在13~15岁的男性青少年中，大约有一半以上的青春期男孩子被发现有一侧或双侧乳头突起，乳晕的直径有所增加，有色素沉着，但出现"乳房"硬结者不到五分之一。只是，有的男孩子对自己身上所发生的细微变化并不在乎，或许，他们根本没察觉到自己"乳房"的这一变化。

青春期男孩子的"乳房"发育一般多发生在12~16岁,14岁男孩出现"乳房"增大的概率约为64%,增大的乳腺组织直径最大不超过3厘米,可能是不对称所以会有轻度痛疼。另外,由于男孩子青春期雌激素量的增加是一时性的,因此,"乳房"硬块一般经过几个月到一年便自行消退,根本不会影响生活。所以,青春期男孩没有必要为此感到窘迫不安,也不要有任何的心理负担。

为什么我比那些女生还矮

青春期男孩子的困惑:我是矮个子?

体育课上,在老师的带领下,全班同学在操场上集合了。楠楠站在最后一排,有些心不在焉。自己最怕这种场面了,把班里所有的同学都聚在一起,好像栽洋葱一样,而且,大家都这样站着,一下子就显出自己是矮个子来。也不知道是怎么了,自己都上初中了,可长得还跟小学生一样,个子矮矮的,就连爸爸都经常开玩笑:"楠楠,你上初中了吗?我咋看你还像一个小学生呢。"于是,每每到全班操场集合的时候,那就是楠楠人生中最自卑的时候了。

体育老师开始一个一个地点名了,点到楠楠的时候,连

第1章 青春绽放，身体体征有了这些变化

喊了两遍也没有人回答，同学们一看，原来楠楠正在发呆呢。这时，体育老师又喊了一遍："楠楠，来了吗？"同学们指了指正在发呆的楠楠，这时，体育老师不客气地喊道："楠楠，你个子这么矮，怎么站到最后一排去了？赶快过来，站在这里。"旁边的同学拉了拉楠楠，这时，他好似从梦中醒来，却听到了同学们的取笑声："矮个子男生"；"楠楠，好像你还没有娜娜高呢"；"真的是，男子汉还没有女生高"；"哈哈，就是，肯定是营养不良造成的"……楠楠听明白了，脸涨成了猪肝色，一言不发走到了自己的位置。结果，整节体育课，楠楠都在为自己的身高而自卑、难过。

晚上，回到家，泄气的楠楠向妈妈撒娇："妈妈，给我买钙片，赶快买大骨头来炖，我要补钙，我要长高！"妈妈笑了："以前我可是追着求你喝骨头汤，你都不喝，怎么，现在知道补钙了？"楠楠难过得快哭了："唉！谁让我长得这么矮，连女孩子都比不上，这次，我的脸可丢大了。"在书房的爸爸听到了，好奇地问道："怎么丢脸了？说来爸爸听听。"楠楠没好气地回答说："还不是我身高的问题，明明是中学生了，为什么我还是小学生的个儿啊。"爸爸走了出来，安慰道："嘿，就因为这事啊，你别着急，等你上了高中，还会长个子的，你记得你上海的表哥吗？他现在可是一米八的个儿，可他在初中的时候，就跟你一样的个子，谁料到他上了高中，

一下子就冲到了一米八,所以,凡事不能只看表面的。"

楠楠坐在沙发上不言语,爸爸走过来,轻声安慰道:"楠楠,别伤心了,虽然你暂时个子不高,但是你成绩好,也喜欢帮助同学,在我心中,你就是一个高大的男子汉。"楠楠有点儿沮丧:"可是,我还没有女生高呢,说出去多让人笑话。"爸爸笑了:"你要坚信,你会长高的。"

> 爸妈送给楠楠的话

楠楠,步入了青春期,你会面对一个很现实的问题,那就是有可能自己的身高还不如同龄的女孩子。或许,你会对此感到丢面子,十分难为情,甚至觉得自己在女孩子面前抬不起头来。其实,在青春期,男孩子身高发育普遍比女孩子晚,这是正常的生理现象。记得爸爸在像你这么大的时候,还没有你现在个头儿高呢,那时候也没什么营养的补品,我是当时班里最矮的男生,经常被同学们嘲笑,当时我比你更苦恼。可是,等我上了高中,我一下子长高了,之前那些比我高的女孩子在我面前都矮了一大截,我感到自己原来并不是矮个子,只不过发育比较迟缓而已。

听了爸爸的经历,你是否已经意识到了:在青春期的某一个阶段,女孩子的身高会稍微超过男孩子,这是很正常的。因此,你千万不要为此感到难过,过不了多久,你也会长个子,

第1章 青春绽放，身体体征有了这些变化

到时候，你就可以骄傲地告诉她们：我已经不是矮个子了。

🔊 你需要了解的知识点

在童年时期的男孩子和女孩子身高差不多，男孩子还会稍高于女孩子。但到了青春期的前期，这样的情况就会发生显著的变化。女孩子从9岁开始，进入生长发育的突增阶段，11~12岁达到突增高峰，每年身高要增长5~7厘米，多的可达8~10厘米。男孩子的这一过程却比女孩子晚约两年，因而出现了女孩儿先窜个子，9岁以后14岁以前，同龄的女孩子要比男孩子高一些。

1. 青春期男孩子身高发育情况

一般来说，一个人的身体高矮，取决于他的骨骼生长发育。但是，相对于同一年龄段的女孩子来说，青春期的男孩子身高突增高峰会来得晚一些，但却不输于女孩子，当他在12岁左右会迅速生长，到14岁左右，他的身高则会超过女孩子。在这一时期，每个男孩的身高每年可以增高7~9厘米，而一些孩子增长比较快，一年增高可达10~12厘米。

按这样的增长速度，当青春期结束之后，男孩子的身高会明显超过同龄的女孩子，会比同年龄的女孩子高10~13厘米。女孩子的骨骼会先于男孩子发育，这是儿童时期生长发育的客观规律。此后，男孩子会继续以较高的速度增长，最终形成了

大多数男孩子明显高于女孩子的特点,这是大多数孩子的一般规律。

2. 身体发育带来的问题

在青春期的成长阶段,你们可能常常会发现自己的身体不协调,其实,这也是正常的生理变化。因为通常来说,一个人的上下肢的增长比脊柱增长得快,所以孩子在青春期坐高与身高的比例开始缩小,到了青春期中期,这样的比例将降至最低点。因此,这一时期的男孩子就会出现长臂、长腿全身不协调的体态。

但是,这样的情况并不会维持很久,等到了青春期后期,由于增长的速度加快,孩子的坐高和身高的比例就会达到成人的正常比例。所以,人体的长高在17~18岁以前主要靠下半身,而17~18岁以后则全靠上半身。身体的这种长势要在突增期过去以后才能逐渐缓慢下来,到了20岁左右基本停止。

3. 注意饮食搭配及身体锻炼

在青春期,男孩子需要消耗大量的营养物质,在这一重要时期增加营养是十分有必要的。在日常生活中,多摄取足以供给身体增高的热量、蛋白质、无机盐和维生素等。同时,还要加强锻炼,这样才会使身体发育得更好。

第 2 章　隐私地带，下身出现这些变化别困扰

随着青春期的到来，你的身体将会发生细微的变化，好像它在拼命地暗示什么，这对于每一个处于青春期的男孩子来说，心情既惶恐，又惊喜：惶恐的是自己不知道该如何来面对这些突如其来的生理变化；惊喜的是自己即将成为一个真正的男子汉了。在这一时期，你的私密地带也将发生明显的变化。孩子，请不要害羞，随着爸妈一起来了解你的私密地带吧。

男性生殖器官是什么样子的

青春期男孩子的困惑：什么是阴囊？什么是阴茎？

最近，楠楠发现自己下身变化比较多，这不得不让他开始注意起那块原本已经忽略掉的地方。偶尔，他也会拿着"小弟弟"自言自语："你真的是我的弟弟吗？那你叫什么名字呢？"而生物课还没上到这里，自己对下身的构造好像一无所知，这让楠楠很是迷惑，可这样私密的话题又不好问爸妈，只好一个人闷在心里。

这天，楠楠跟着班里年龄较大的小柯一起进了厕所，两个孩子排成一队，一起"嘘嘘"，楠楠小心地望了望小柯的下

身，不料，这个小动作被小柯看见了，小柯笑道："看什么看？你自己也有啊，还好意思看我的。"楠楠有点不好意思地问小柯："你有没有觉得小弟弟在慢慢长大啊？"说完，楠楠的脸涨得通红。小柯笑着回答说："是啊，它是我们身体的一部分，肯定会跟着咱们身体一起成长的，这有什么大惊小怪的。"这时，小柯也凑过来看了看楠楠的下身，打趣道："咦？你的阴毛长得好长啊。""阴毛？什么阴毛？"楠楠第一次听到这个词语，还不明白小柯究竟指的是什么。小柯指了指自己下身长出的毛发，说道："这个就是啊，它就叫阴毛，嘿，我发现你身体发育蛮早的。但是，你却是一个十足的白痴，你怎么连自己的身体构造都不知道啊？"楠楠脸涨红了，小柯继续说："你知道什么是睾丸吗？什么是阴茎吗？什么是阴囊吗？"楠楠茫然地摇了摇头。

　　回到教室，楠楠呆坐在座位上，脑海里还在想刚才小柯说的话。这时，小柯神秘地走了过来，手中还拿着一本书，来到楠楠旁边悄声说："其实，关于你身体的秘密，全部都写在书里，在生物书××页，你自己看看吧。看完了，你就知道什么是睾丸，什么是阴茎，什么是阴囊了。"楠楠有些不相信："真的？"小柯一副无所不知的样子，说："当然了，我有必要骗你吗？不信，你自己去看吧。"等小柯走了，楠楠开始翻箱倒柜地找出了生物书，迫不及待地翻开××页，认真地看了起来。

第2章 隐私地带，下身出现这些变化别困扰

> 💬 **爸妈送给楠楠的话**

孩子，你现在已经步入青春期了，或多或少都会对自己的生理构造有一点兴趣。但是，你所知道的不过就是"小弟弟"的称呼，关于其他很多专业的术语，你根本无从知道。你时常在关注着"小弟弟"的变化，却不明白其中的原因。有时候，你在浏览报纸或者看电视的时候，会听到一些既陌生又新鲜的词语：睾丸？阴茎？这些陌生的词语是自己从来没听过的，但模模糊糊又感觉这与自己的身体结构有关。那么，这到底是怎么回事呢？在这里，爸妈将以专业的术语为你解释关于你的身体构造。你们即将跨入成年社会，应该熟悉自己的身体，这样，才会使你更好地发育，也能够解开你青春期心理上的疑惑。

> 🔊 **你需要了解的知识点**

孩子，在这里我们所需要详细描述的是你的生殖器官，那是产生生殖细胞，繁衍后代，分泌性激素维持副性征的器官。男性生殖器官分为内生殖器官和外生殖器官，其中，内生殖器官包括睾丸、附睾、输精管、射精管、前列腺、精囊腺和尿道球腺；外生殖器官为阴茎和阴囊。下面，我们就为你简单说明一下。

1. 睾丸

睾丸是男性生殖腺，是产生雄性生殖细胞的器官，也是产生雄性激素的主要内分泌腺。

2. 附睾

附睾外形细长呈扁平状，又似半月形，左右各一，约长5厘米，附于睾丸的后侧面。

附睾是附睾管在睾丸的后缘盘曲而成，小管之间有纤细的纤维组织和蜂窝组织，分头、体、尾三部分。附睾有储存和排放精子、促使精子成熟和分泌液体供给精子营养的作用。

3. 精索、输精管及射精管

精索：是从睾丸上端至腹股沟管深环至睾丸上端的一对柔软的圆索状结构。精索内包含有输精管、动脉、静脉、神经及蜂窝组织。精索是睾丸、附睾及输精管血液、淋巴液循环通路，也是保证睾丸的生精功能及输送成熟精子的主要途径。

输精管：是精索内的主要结构之一，起于附睾尾部，经腹股沟管入骨盆腔。

射精管：是输精管壶腹与精囊管会合之后的延续。

4. 精囊腺、前列腺和尿道球腺、尿道

精囊腺：为一对扁平长囊状腺体，左右各一，表面凹凸不平呈结节状，精囊为屈曲状的腺囊，其分泌液主要为精浆液，占精液的70%左右,对精子的存活有重要作用。

前列腺:为一个栗子状的腺体,有中间凹陷沟,左右两侧隆起。前列腺能分泌前列腺液,主要为精浆液,含有多种微量元素及多种酶类。

尿道球腺:左右各一,位于尿生殖膈上下筋膜之间的会阴深囊内,开口于球部尿道近端。可分泌少量液体,为精浆的成分之一。

男性尿道:既有排尿功能,又有排精的功能。

精液由精子和精囊腺、前列腺分泌的液体组成,呈乳白色。

5. 阴茎

阴茎未勃起时呈圆柱状,长7~9厘米。勃起时呈三棱形圆柱状,长度增加一倍以上,主要功能是完成性交。阴茎外面包有皮肤,包盖着阴茎头,称为阴茎包皮。

阴茎海绵体内的特殊结构是阴茎勃起功能的重要组织结构,而阴茎勃起又是完成性交的先决条件。

6. 阴囊

阴囊为一皮肤囊袋,位于阴茎的后下方。阴囊的皮肤薄而柔软,有少量阴毛,色素沉着明显。阴囊壁由皮肤和肉膜组成。肉膜含有平滑肌纤维。平滑肌随外界温度呈反射性的舒缩,以调节阴囊内的温度,有利于精子的发育。

了解睾丸的结构

青春期男孩子的困惑：睾丸有什么作用？

在小柯同学的推荐下，楠楠一口气看完了关于男性生殖器官的介绍。虽然这其中的许多专业术语很难记住，但是楠楠对于自己身体的构造算是清楚明白了。原来，男同学经常取笑的那两个"蛋"就是睾丸，这下子算是开窍了。楠楠按捺不住兴奋，没想到看几页书就明白了这么多知识，得意的他很想在男同学面前炫耀一番。

下课了，楠楠跟着班里的同学一起去了洗手间，在"嘘嘘"的时候，楠楠假装无意地问道："哎，你们知道'小弟弟'叫什么名字吗？知道咱们男性生殖器官是什么样的吗？"一听这个问题，班里男生都开始议论起来："这些知识，生物老师还没讲呢，我怎么知道？""就是，我管它叫什么名字，只要它还在我身上就万事大吉。""那你知道吗？"有人反问了一句，楠楠得意起来，回答说："我当然知道了，男性生殖器官包括外生殖器官和内生殖器官，男性内生殖器包括睾丸、附睾、输精管、射精管、前列腺、精囊腺和尿道球腺，外生殖器官分为阴茎和阴囊。""哇……"班里的男同学发出了赞叹声，楠楠愈加得意了。

这时，小柯走了进来，他毫不在意地说："楠楠都是在生物书上看的，他只是背了下来，这没什么了不起的。"楠楠有些不服气："那我也算知道啊。"小柯一边拉开拉链，一边笑着说："你知道？那你知道睾丸的结构和作用吗？那两个'蛋蛋'里装了什么，你知道吗？"楠楠一下子被问住了，他吞吞吐吐地说："这我还真不知道，我还没看到这部分的知识。"小柯摆了摆手："那你继续回去看呗，把这些问题弄清楚了，你才能明白究竟是怎么回事。"

爸妈送给楠楠的话

孩子，通过阅读生物书，我想你已经知道了睾丸是男性生殖器官的一部分，但你却不明白睾丸的具体结构是什么样的，你也不知道在睾丸里装的是什么东西。而关于这些私密性的问题，你又不好意思直接问爸妈。在这里，爸妈就给你详细地说一说睾丸的结构，以便你更清楚地了解男性生殖器官的每一个部分。

你需要了解的知识点

睾丸会随着年龄而成长或衰老，青春期睾丸随着性成熟生长，老年人的睾丸则随性机能的衰退而萎缩变小。睾丸分内外两侧面，前后两缘及上下两端：内侧面比较平坦，与阴囊膈相贴附；外侧面隆突，与阴囊外侧壁相贴附；前缘游离而隆突；

后缘较平直，又名睾丸系膜缘，与附睾及精索下部相接触。

睾丸位于阴囊内，左右各一，为男性生殖腺，能产生精子及分泌雄性激素。睾丸的外形呈稍扁的卵圆形，表面光滑。可分内、外侧面，前、后缘和上、下端。前缘游离，后缘有血管、神经和淋巴管出入，与附睾和输精管的起始段相接触。睾丸是一实质性器官，它的表面由睾丸被膜包裹。睾丸被膜包括鞘膜脏层、白膜和血管膜三部分。

睾丸是男性内生殖器官的一部分，而正常的男性有两个睾丸，它们分别位于阴囊的左右侧。睾丸整个形状是呈卵圆形，灰白色。

其主要作用有以下几方面：在胚胎期，促使男性生殖系统的分化和发育；在青春期后，是作为男性第二性征而出现的。它可以：维持正常的性欲以及性的强度；调节精子产生的过程，促进精子发生；促进体内蛋白质合成，保留无机盐。

什么是包皮过长和包茎

青春期男孩子的困惑：什么是包皮环切手术？

晚上回到家，就听到妈妈说："楠楠，赶快将你的屋子收拾一下，明天你小表弟要来咱们家，他跟你一起睡。"楠楠一听说小表弟要来，很高兴地问："真的？他来住多久啊？"妈妈一边拖地，一边回答说："住十多天吧，这次来城里是有事，事情办完了就回去。"楠楠有些奇怪地问："他一个十多岁的孩子能有什么事情啊？"妈妈笑着说："他跟你舅舅一起来的，什么事情到时候你就知道了，妈妈不方便跟你说。"什么事情不方便说啊，楠楠心中有了疑惑，但还是满心期待地收拾房间，等待着小表弟的到来。

　　第二天等楠楠回到家的时候，舅舅和小表弟已经坐在客厅里了，楠楠拉着表弟就进了自己的房间，两人开始玩起来。一边摆弄着玩具，楠楠一边问小表弟："你和舅舅来城里到底是办什么事情啊？"小表弟说："爸爸说，我的"小弟弟"那里有点儿问题，需要看一下医生。""啊？什么问题啊？给哥哥瞧瞧。"楠楠好奇心一下子被激起来了。小表弟平时跟楠楠最亲了，他听了楠楠的话，脱下了裤子，楠楠仔细一看，并没什么问题啊，跟自己的一样，能有什么问题呢？不过，他再仔细地看了一下，发现有些不对劲儿，怎么小表弟的阴茎全部被包皮给裹住了，好像他的包皮真不是一般的长。难道这就是他们所说的"病"？楠楠觉得很奇怪，但又不知道该怎么开口问爸爸。

　　晚上，等舅舅和小表弟都睡了，楠楠趁着到客厅喝水的时候，悄声问爸爸："爸爸，小表弟来城里看什么病啊？"爸爸愣了一下，但还是慢慢说："明天我们带着他去医院做一个小手术——包皮环切手术。""包皮环切手术?那是一个什么手术啊?"楠楠不解地问。爸爸示意楠楠坐下来,然后详细解释道:"你小表弟的包皮过长,这样会形成包皮垢,很不卫生,也容易发炎生病。而包皮环切手术就是将阴茎上面的多余包皮进行切除,使阴茎头外露出来,这是治疗包皮过长、包茎以及防止其他并发症的有效方法。"听了爸爸的话,楠楠明白了一些,但还是有些疑问,他向爸爸问道:"那你的意思是说,包皮过长、包茎是一种病吗?"爸爸解释说:"说不上是一种病,但这样会影响自己下身的干净,若不做这个手术,肯定会引发一些并发症。""哦……"听了爸爸的话,楠楠总算是明白了。

爸妈送给楠楠的话

有的男孩子步入了青春期,就会出现包皮过长以及包茎这样的情况,这其实是一种生理现象,也算是一种疾病。像楠楠的小表弟由于自己包皮过长,就去医院做了手术,这实际上就是对包皮过长、包茎的治疗。那么,什么是包皮过长以及包茎呢?它们的存在有哪些危害呢?该如何来面对这一情况呢?

你需要了解的知识点

男性进入青春期,阴茎上的包皮自然向后退缩,阴茎头(也称龟头)外露,这是正常现象。但是,不少男孩子却出现了包皮过长，有的甚至包裹住了阴茎头，那就是一种疾病了。

1. 什么是包皮过长、包茎

男孩子到了青春期后，包皮仍然紧包住龟头，或者包皮和龟头粘连，龟头不能外露，就不正常了，这就称为包茎；如果包皮包住阴茎口，但能向上翻起，露出龟头，这就称为包皮过长。

而且，由于包皮过长而引出另一个词语，那就是包皮垢。那么，包皮垢是如何形成的呢？

包皮是包在阴茎头外面的一层皮肤，翻转包皮，可见龟头后面呈环状缩小的部位，叫作冠状沟。在冠状沟附近的皮肤里有许多皮脂腺，分泌一种具有臭味的分泌物，呈黄白色泥状，称为"包皮垢"。

2. 包皮过长、包茎给身体带来的危害性

有的人认为包皮过长、包茎根本不算什么病，甚至很多人并没有把它当成病。实际上，包皮过长、包茎对身体的危害极大，具体表现在以下几个方面：

（1）藏污纳垢，易发泌尿生殖炎症

包皮内有丰富的皮脂腺，会产生大量的分泌物，过长的包皮让分泌物不能排出而堆积成垢、寄生很多致病菌。病菌侵犯尿道可造成尿路感染，可引发包皮炎、龟头炎、尿道炎，还可增加生殖器疣病、疱疹等性疾病的发病几率和感染几率。

（2）妨碍阴茎发育，影响性生活的和谐

在青春期由于阴茎头被包皮紧紧包住，没有得到来自外界的刺激，阴茎头的发育受到很大的束缚。成年人会因为包皮过长或包茎，影响正常的性生活。特别是包皮口径过小的男人，包皮上翻不能复原，包皮紧紧卡在冠状沟处，成嵌顿包皮，会使人痛苦不堪。

（3）损害肾功能，诱发癌症

由于炎症等引起尿道口或前尿道狭窄影响尿液代谢，包皮内病菌上行感染肾脏，长期将会损害到肾脏的功能。研究表明，包皮垢是一种致癌物质，是导致男性阴茎癌的因素之一。据调查，大部分阴茎癌患者，都是包茎或包皮过长者。

（4）导致阳痿早泄、男性不育等疾病

由于龟头黏膜平常受到的刺激少，使得龟头黏膜的神经感觉过于敏感，性生活时龟头和阴道摩擦一触即泄，或产生性交痛。还因早泄、炎症、阳痿、不射精等降低精子活动力和精液黏度不够造成不育。

（5）危害女性生殖健康及疾病康复

其实，包皮过长、包茎不仅会危害到男性自己的健康，还会伤害到另一半的生活。男性的包皮垢（残余尿液结晶）是女性子宫颈癌的重要原因。包皮垢中饱含各类细菌，性生活中带入阴道后致使女方患妇科病且反复感染久治不愈，刺激子宫，诱发宫颈癌，是女方宫颈癌恶变的重要病因。

3. 如果你有了包皮过长、包茎的现象，该怎么办

虽然包茎和包皮过长有那么大的害处，但也并不可怕。解决的办法有两种：一是养成讲卫生的良好习惯，经常把包皮翻过来，用干净的温水进行清洗，及时除净包皮垢，洗干净后要及时将上翻的包皮推下，以免形成嵌顿包茎；二是进行手术治疗，包皮过长并经常发炎或者是包茎者，应该尽早请医生检查，最好进行包皮环切手术。

私密处发痒发炎了怎么办

青春期男孩子的困惑："小弟弟"生病了，怎么办呢？

最近这些天，楠楠总喜欢在睡觉之前摸一摸"小弟弟"，每天都在观察它有没有长大，看一下浓密的阴毛，甚至连它的颜色都要经过仔细观察。楠楠似乎觉得它的成长就是自己的成长，当有一天它长大了，那就证明自己是真正的男子汉了。

可从前天开始，楠楠就感觉到大腿两侧比较痒，有时候还会发现"小弟弟"以及阴囊都是潮湿的，莫名地还有一股怪味。刚发现这样情况的时候，楠楠还显得很兴奋，以为这是正常的发育现象。可是后来，他发现越来越痒了，有时候连在上

课的时候，都忍不住想去抓一下，但是看着同桌的娜娜，他又强忍住了。而且，有时候正当楠楠认真上课的时候，娜娜会悄声对楠楠说："你闻见没有？哪里来的怪味？是不是有人放屁了？"楠楠一闻，原来是自己下面散发出来的怪味，他感觉很不好意思，但还是装作不知道："嗯，不知道，也不知道是谁啊，上课的时候就放屁，真是讨厌。"说完，还装模作样地挥了挥手，捂住自己的鼻子。

楠楠感觉到是那里出问题了，在下课之后，他悄悄地喊住小柯同学，细声问道："我的'小弟弟'和阴囊都很潮湿，还有一股怪味，你说这是什么原因啊？"小柯看了看楠楠，发现他穿着比较宽松的运动裤，他就问楠楠："你是不是经常用手去摸它啊？"楠楠不好意思地点点头，小柯脸色开始变得严肃起来："这样的话，估计是生病了，阴部发炎了。""啊？"楠楠张大了嘴，引来其他的同学的侧目，他连忙悄悄问："小柯，那我该怎么办？"小柯同学摊了双手："我也不知道呢，我从来没有遇到过，只是听说过。你去医务室问问吧。"楠楠低下了头，心里想着：这事该怎么跟医生开口呢？

💬 爸妈送给楠楠的话

孩子，当你步入青春期之后，每一天你的"小弟弟"都在发生着变化，它正处于发育期，因而它也是异常敏感的，一不小心，它就容易生病、发炎，甚至，下身会散发出阵阵怪味。或许，面对这样的情况你很害怕，你不知道这是怎么回事，也不知道该如何应付这种情况。其实，"小弟弟"之所以发炎是你的触摸，或者不讲卫生，或者你所穿的裤子太紧所造成的。如果你真发现自己下身发炎了，也不要太担心，随时可以咨询爸爸妈妈或者医生，我们将帮助你走出困惑，重归健康。

你需要了解的知识点

青春期的男孩子，你的私密地带正处于发育期，所以需要好好保护，多注意平时的卫生，所谓"防患于未然"，只有做好了私密地带的清洁卫生，才能够使你健康地成长。下面，我们就将一些阴部卫生的知识告知于你。

1. 炎症是怎么发生的

为什么会出现炎症呢？这主要是因为男孩的外生殖器在青春期迅速发育，这个时期由于外界刺激等原因，小腺体会产生一些分泌物，容易引起炎症。尤其是对于包皮过长的男孩，尤其要注意卫生，每天睡前要用专门的毛巾、盆等清洗外生殖器，平时内裤要穿全棉质地、宽松舒适的。

至于青春期男孩子阴部潮湿这样的问题，不必担忧，这是大多数人会有的现象。阴部汗腺分泌旺盛，加之阴部通风散热不良，如果你不注意卫生，那么就会有一股怪味，臭臭的。你应该每天清洗下身，尽量少用手揉"小弟弟"。特别是运动后，出了很多汗，要马上擦洗干净，这样就可以缓解炎症。

2. 注意阴茎的卫生

阴茎是男性性交器官，尿道从阴茎内穿过，兼为排尿和排精的通道。阴茎的包皮内面和阴茎头交接处的小皮脂腺不断地分泌淡黄色的油性物质，与少量的尿液和皮肤脱下来的垢混合成乳酪状的包皮垢。包皮垢如果长期附着在阴茎头表面或聚集在冠状沟内，很容易为细菌繁殖提供机会。

另外，由于阴囊、阴茎皮肤皱褶多、汗腺多、分泌能力强，如果大量汗液、污垢、残留的尿液、精液等污染阴茎、阴囊和会阴部，细菌很容易在这种环境下生长繁殖，从而引起龟头炎、尿道炎、包皮炎或阴囊湿疹等疾病。所以，青春期男孩，尤其是有包皮过长的男孩，应养成将包皮上翻冲洗下身的习惯。

除了经常对阴部进行清洁外，还应该注意经常换洗衬裤、内裤，衬裤、内裤衣料最好是选用透气性强的棉制品。衬裤、内裤应该略微宽松一些，如若过紧，长期将睾丸紧贴身体，容易影响睾丸的生精功能，影响日后的生育能力。

3. 青春期，也需要警惕"前列腺炎"

许多人认为前列腺炎只是成年男性易患的疾病，其实青春期男孩也有可能患前列腺疾病。这是因为，在10岁前，男孩前列腺发育很小，没有形成腺管，感染病毒的可能性较少，前列腺一般不会生病；而10岁后，腺管已逐渐形成。

因此，在10岁以后的这一时期，需要警惕前列腺发炎，尤其要注意以下四个方面：①早熟，有的孩子在青春期就开始了早恋，这时候男孩因性兴奋而大量分泌前列腺液，但却没有得到正常释放，这就会导致前列腺液在腺管内淤积拥塞，易造成前列腺肿胀、发炎；②你身体的其他部位也容易被细菌感染，如脓疱病等的细菌；③憋尿，有的男孩子长时间憋尿，有的是因为课间休息太短而来不及去厕所，有的是因为在冬天怕冷不去厕所，有的则是看电影、电视，顾不上排尿，这样长时间憋尿都可能会引发前列腺炎；④包皮过长，由于包皮垢易引发包皮龟头炎、尿道炎等，而细菌会从尿道逆行感染，侵入前列腺，引发前列腺炎。

为什么阴茎有大有小

青春期男孩子的困惑："小弟弟"太小，就不是男子汉吗？

下午最后一节课是劳动课，由于老师有事没来上课，班主任就让同学们去浴池洗澡。学校开办的浴池是公共浴池，差不多是以班级为单位，一起去洗澡。班主任刚说完，男生们就沸腾起来了，急忙收拾东西往外冲。小柯叫住正要回家的楠楠，说："楠楠，跟我们一起去浴池吧。"楠楠摆了摆手："我昨晚才洗的澡，我看我还是回家算了。"小柯神秘地笑了笑："走吧，咱们男生一起，在浴池什么都可以聊的，你可以去见识一下。"楠楠想了想，反正回家也是没事，干脆去学校的浴池洗一次澡吧。

浴池里，男生们光着屁股走来走去，时而打闹，时而嬉戏，玩得不亦乐乎，楠楠算是明白了，原来洗澡也可以玩成这样。一排排的男生站在水管下，搓洗着自己的身体，楠楠有点害羞地捂住自己的下身，谁料，小柯伸手朝着楠楠的腋窝一捅，楠楠的手就移开了。小柯笑道："害什么羞啊，这是男生浴池，你有的东西咱们都有，不会偷看你的。"楠楠笑了笑，身子也放开了，他好奇地想看看班上其他男生发育成什么样了。这一看，吓了一跳，他发现其他男生的"小弟弟"有大有小，而自己的这个水平估计只能算中等了。楠楠知道那是阴茎，可是，这大小不一的阴茎代表着什么呢？是不是大一点儿的就证明很男人，而小一点儿的就不算男子汉了？楠楠一边想着，一边不住地打量自己的"小弟弟"，忍不住埋怨：我平时也吃得那么多，你怎么就不长个儿呢？

洗澡后回到家，楠楠心里还是不痛快，为什么人家的"小弟弟"就那么大，而自己的却看起来很小，这究竟是怎么回事?想起同学小柯的"小弟弟"高大威猛,而自己……楠楠越想越自卑。坐在客厅的爸爸见状,亲切地问道:"怎么了?楠楠,有什么事吗?说来让爸爸听听。"楠楠有些不好意思,低声问道:"爸爸,你说,阴茎的大小有什么区别吗?是不是阴茎小,就表示不是真正的男子汉?"爸爸笑了,回答说:"你别胡思乱想了,这跟大小根本没有什么区别,你去过浴池就知道了,那些个子高高的,阴茎还不是挺小的;而有的个子不怎么高,他的阴茎却挺大。其实,无论是大还是小,我觉得都很正常,你千万不要自卑,这没有什么好自卑的。"

爸妈送给楠楠的话

孩子,当你步入了青春期,"小弟弟"也开始慢慢长大了,有时候,在同年龄的男孩子之间,自然会有一些"小弟弟"大与小的比较。这样的事情,在爸爸年轻的时候也干过,可是当爸爸长大成人之后,就明白了这样的比较是没意义的,纯粹是给自己增加心理负担。也许,有的男孩子因为自己的"小弟弟"比较小,就会显得很自卑,甚至会产生自己是不是男子汉这样的困惑。其实,这样的担心是没有必要的。在我们生活中,评价一个真正的男人与否是看他能不能承担自己应有的责任,而不是比较阴茎的大小。所以,需要正确对待阴茎大与小的问题,以健康的心态来迎接成长的到来。

🔊 **你需要了解的知识点**

孩子，正如人有高有矮，阴茎的尺寸也各不相同。有传言说，西方白色人种的阴茎尺寸大于亚洲人种。根据统计，美国白人在松弛时阴茎长度为7.5~11厘米，勃起时有10~18厘米；而亚洲人勃起时阴茎尺寸7~16厘米为正常。而且，阴茎的大小、长短，与男性的性能力无关，医生认为，只要能正常性交就是正常的。

1. 影响阴茎大小的因素

我国正常男人的阴茎勃起时平均长度为11厘米，疲软时的平均长度是5~6厘米。阴茎在16岁时成熟，20岁后仍有所增长，25岁后无明显差异。阴茎的大小受年龄、发育、地区、民族、人种、身体状况等多种因素的影响。

另外，身体的瘦弱或肥胖也会影响到阴茎的发育。但是，阴茎的大小并不能说明什么，包茎者较小，精索静脉曲张者较大。阴茎越小，勃起后增大的比率越高，而松弛状态的阴茎大小随季节及身体状况变化不定。

2. 阴茎大小并不影响男性的性能力

一般而言，在常态下同一个人的阴茎长度也不恒定，如紧张、寒冷或严重疲劳时都可使阴茎短缩。有的男性对自己阴茎的大小十分敏感，总觉得自己的阴茎比别人小了，这样的疑惑又常常转化为自卑和焦虑，使自己无端产生不必要的心理负担。

其实，临床医生也从不愿意以阴茎长短判断是否正常。只要能正常性交，能完成生儿育女的任务就是正常的。另外，由于女性的性敏感部位绝大多数集中在阴道的1/3处，所以阴茎的大小对实质的性交无明显的影响，性生活的质量更取决于情感、技巧和勃起的程度及持续的时间。

第3章　关注身体，男孩也要保护自己

一旦进入青春期，孩子的身体每天都会有新的变化，那是因为身体的每个部分都在发育、成长。而与此同时，作为青春期的男孩子，应该打好一场青春保卫战，在青春期这个身体发育最敏感的时期，保护好自己的身体，以健康的身心顺利度过青涩的青春期。

注意私密处的卫生

青春期男孩子的困惑："小弟弟"也需要讲卫生？

偶尔看电视的时候，楠楠总会听到这样的广告词"洗洗更健康"。以前他不知道这句话到底指的是什么，后来学了生物，又问了班里的男生，这才知道，原来女孩子是比较麻烦一点的，好像每天晚上都需要将身体洗干净才睡觉。楠楠再想想自己的身体结构，觉得简单极了，不就是一个"小弟弟"需要照顾吗，平时在洗澡时洗洗就好了。于是，夏天的时候还好，楠楠天天冲澡，"小弟弟"也很干净。每每到了冬天，楠楠怕冷，有时候四五天才洗一次澡，这样一来，"小弟弟"也不那么干净了，经常是等到洗澡的时候，楠楠都可以嗅到"小弟弟"发出的异味了。有时候，楠楠也没在意，觉得"小弟弟""脏"了，只要洗干净就行了。

有一次，楠楠与班里的男生聊天，大家都兴奋地讨论起女生的身体结构来。聊着聊着，竟聊到了私密处卫生这个话题。年纪最小的小胖笑着说："你们看那广告，什么'洗洗更健康'，其实都是专为女孩子设计的，看看我们身上的这小家伙，几天不搭理它，它也没什么事。"大家都笑了起来，在一旁看书的小柯严肃地说道："你们都错了，男孩子一样也要讲卫生，尤其是私密处的卫生，有条件的话，每天都要用水洗干净，否则它就会生病的。""啊？是这样吗？"楠楠呆了一会儿，自己平时可没注意卫生。

晚上回到家，吃了饭写了作业，楠楠打算洗把脸就睡觉。突然之间想到了白天同学小柯说的话，他钻进了卫生间，开着水管细心地洗着好几天没搭理的"小弟弟"。他专心地洗着，竟忘记了关门，爸爸尿急闯了进来，楠楠有些脸红："爸爸，你干什么呢？进来也不敲门。"爸爸笑着回答说："你压根就没锁门，我怎么敲门啊？"爸爸看了看楠楠，笑道："学了不少东西吧，我最近还正想跟你说这事儿呢，我看你平时穿得干干净净的，可不太注意身体私密处的卫生，这样会容易导致'小弟弟'发炎的，你需要注意，每天晚上都要用温水洗干净，这样才能保护你私密处的健康。"楠楠低着头："嗯，我知道了，以后每天晚上我都会给'小弟弟'洗个澡才睡觉，它健康了，我才健康嘛。"

💬 爸妈送给楠楠的话

孩子，你正处于青春期，爸妈注意到你很在意自己外在形象的整洁与美观，有时候你爱干净到每天要求妈妈给你换洗衣服，这样你才能在同学们面前展现自己最好的形象。但是，爸妈还注意到一个问题：你对自己的外在形象太在意，却忽略了对身体私密处的清洁。可能，你经常是打篮球之后就用沾满了汗水的手摸着"小弟弟"嘘嘘；可能，四五天不洗澡，直到身体私密处发出异味，才开始注意到"小弟弟"的卫生。在这里，爸妈需要告诉你的是：一定要注意私密处的卫生，因为它正处于发育期，很敏感、也很脆弱，一旦感染了细菌就会生病，进而造成你身体的不适。步入青春期的你，应该开始注意打理自己的身体卫生，其中最重要的就是自己身体私密处的卫生。

🔊 你需要了解的知识点

一般而言，大多数爸妈会比较注意培养女孩子每天清洗外阴的良好习惯，而对于男孩子私密处的卫生则比较忽视。其实，男孩儿进入青春期后，阴茎龟头就会有分泌物产生，如不及时清除就会自然干燥，形成包皮垢，很容易引起炎症。

例如，有极个别的男孩子因长时期不认真清洗阴茎包皮，造成龟头炎、包皮粘连等病症，给自己带来不必要的痛苦，甚至给以后的婚姻生活带来麻烦。因此，男孩子应该养成每天用干净温水清洗外阴的良好习惯，其方法很简单，只要将包皮向后拉，用温水洗涤后用温湿毛巾擦净即可。

那么，在平时的生活中，青春期男孩子应如何保持自己私密处的卫生呢？

1. 注意阴茎的清洁卫生

阴茎是男性的性交器官，尿道输精管从阴茎内穿过，所以阴茎同时是排尿和排精的通道。有的孩子包皮过长，而阴茎的包皮内面和阴茎头交接处的小皮脂腺不断地分泌淡黄色的油性物质，与少量的尿液和皮肤脱下来的垢混合成乳酪状的包皮垢，如果包皮垢长时间附在阴茎头表面，就很容易滋生出细菌。

2. 注意阴囊周围部位的卫生

阴囊、阴茎皮肤皱褶多汗腺多、分泌能力强，如果你在每次小便之后不用水清洗，或者长时间不清洗阴部，就会造成大量汗液、污垢、残留的尿液、精液等污染阴茎、阴囊和会阴部，在这样的环境下，更容易滋生大量细菌，进而引发龟头炎、尿道炎、包皮炎和阴囊湿疹等疾病。所以，当你在注意自己外表是否整洁的时候，也需要时刻关注"小弟弟"是否干净，让它远离疾病和细菌的侵扰，这样才能让你健康地发育。

3. 勤换衣裤

当然，除了经常对阴部进行清洗外，还应该注意经常换洗内衣裤，内衣裤衣料最好是选用透气性强的棉制品。内衣裤、衬裤应该略微宽松一些，如若内衣裤、衬裤过紧，长期将睾丸紧贴身体，容易影响睾丸的生精功能，也会影响你以后的生育能力。

保护你的私密处，避免受伤

青春期男孩子的困惑：如何防止私密处受伤？

一个周末，楠楠他们班就与隔壁班约好了，准备在这个星期天打一场篮球赛。到了星期天，两个班的男生聚集到篮球场。开始比赛了，篮球场不少观众开始兴奋起来了，加油声、呐喊声，全都回荡在人山人海的篮球场上。楠楠和队友们在呐喊声中觉得劲儿十足，飞奔在篮球场上。一不小心，楠楠手里的篮球就被对手抢了过去，那是一个高大的男生，只见他拍着篮球向前进攻，趁着楠楠他们这边不注意，来了个令全场都叫好的三分球。楠楠一下子泄了气，他凑近旁边的小柯同学，细声道："我们得抢在他们前面。"脸色阴沉的小柯点点头。

又一个回合开始了，小柯是楠楠班上最高大的男生，自然防守那位高个子男生。只见小柯步步紧逼，那位高个子男生无处躲避，他决定把球传递给自己的同学，可被聪明的小柯看了出来，那篮球在高个子男生有力的手腕上飞了出去，不料因为方向失准，而小柯又正面迎过来，正中小柯同学私密处。小柯当即就躺下了，身体呈弯曲状，疼得在地上打滚，两边的队友都围了过来。

楠楠也跑了过来，看见小柯躺在地上满头大汗，大家急忙扶起了小柯，搀扶着把小柯送到了医务室。楠楠关心地问："篮球撞到那里了吗？"小柯点点头，脸色有点凝重："不知道伤势严重不，这可是最关键的部位，一不小心会残废的。""有这么严重吗？"楠楠睁大了眼睛，小柯忍住痛，解释道："是啊，所以在运动的时候，千万要护住你的那个地方，它正在发育期，可脆弱了。"楠楠恍然大悟："怪不得我看足球赛的时候，当罚点球时，那些防守方的队员都会有意识地用手遮挡住自己的阴部，原来这样的动作实际上是为了保护自己的私密处啊。"在医务室里，传来小柯同学痛苦的呻吟声，医生走了过来："你们是他的同学吗？他幸好不严重，用冰先敷一下，再注意休息就好了。"

爸妈送给楠楠的话

孩子，在家里你最喜欢看足球赛了，你在看电视的时候，是否注意到这样一个细节：当队员被罚点球、角球的时候，防守方的队员往往要组成一排人墙，这时候，如果你仔细观察，就会发现那些组成人墙的队员会下意识地用手遮住自己的私密部位。其实，男孩子的私密部位是男性身体中的一个要害部位，同时也是一个非常脆弱的部位，它需要被保护好。例如，在一些武打片中，当一个人想致另一个人于死地的时候，就会狠狠地踢向对方阴部，被踢的人都会疼痛难忍，当场趴下，甚至被踢伤、踢残，直至丧命。即使在平时生活中，有时候不小心碰到了睾丸，也会疼得你在地上打滚。对此，步入青春期的你要懂得如何保护自己的身体，尤其是自己的私密部位。

你需要了解的知识点

孩子，私密处的重要性使得你要尽力保护它不受伤。例如，在学校，当你在操场运动或课余时间与同学打闹的时候，要特别避免自己的睾丸、阴茎遭受剧烈的撞击和踢打。由于你的生殖器官还处于青春发育期，比较稚嫩，一不注意就会受伤，而且严重的一些伤势甚至会影响到你们的生殖功能。

1. 男性私密部位相当脆弱

孩子，可能你在思索：为什么男性的私密部位很容易受伤呢？这是因为男性的整个外阴部包括阴茎和睾丸，睾丸上遍布着大量的神经，而且外面又有一层又厚又韧的白膜，它的形态受到严格的限制而不能轻易改变。而且睾丸对压力非常敏感，它比较娇嫩，既碰不得，又捏不得，你平时可以试着用一点儿力气去捏一下睾丸，会感觉到非常疼痛，甚至不能忍受。

在日常生活中，我们经常看到：当一个运动员在球场上不小心被球或对手重重地击中胯下，一定会痛得打滚，甚至有时候会痛得晕过去，发生所谓的神经性休克。在男性的性器官运动伤害中，阴囊比较容易受伤，其次才是阴茎。这主要是因为阴茎只有在海绵体处于勃起状态时比较容易受伤，而在运动时，阴茎很少有勃起的现象，所以它受伤的可能性比较小。

2. 自己的私密处如果不小心受伤了，应及时处理

处于青春期的男孩子比较调皮，喜欢打闹嬉戏，或者参加足球比赛等这样的运动，不小心就会碰着阴囊，引起阴囊内出血和阴囊血肿，非常疼痛。

这时候如果你仔细观察，就可以看到阴囊肿大，阴囊皮肤变成紫色，这其实就是发生了"阴囊外伤性血肿"。此时就应该马上停止活动，就近找一家医院，用冰水冷敷患处，这样会减轻血肿状况，且你在受伤后12个小时内，都要不断用冰水或冷水冷敷阴囊，这样可以使血管收缩、减少局部出血。同时还应该卧床休息，尽量减少不必要的活动。等到两三天以后，阴囊内的出血就会完全停止，这时候可以改为热敷阴囊，这样可以加快局部血液循环，促使阴囊内的淤血吸收和消散。

假设私密部位的外伤比较严重，阴囊痛感十分剧烈，痛得你冷汗淋漓，即使口服了止痛药也难以减轻；阴囊血肿也很大，并且还在不断增大，这种情况可能是合并睾丸破裂等更严

重的损伤。对于这种情况，应及早送医院紧急救治，千万不要因为感觉尴尬而错过了治疗的良机。

孩子，当你了解了上述知识，就应该清楚私密处受伤的严重性。那么，为了防止自己的私密处受伤，你在平日的运动、游戏、嬉戏打闹中，就要避免那些可能造成伤害的危险动作，学会保护自己，也要注意保护同伴的安全。

有性幻想，我感觉到很羞耻

青春期男孩子的困惑：我的思想变得肮脏了吗？

周末，楠楠跟着爸爸妈妈回了一趟老家，在老家除了看看电视就是听爷爷讲过去的故事。而那些故事都是自己听了无数次的，无聊的楠楠到处瞎转，希望从大表哥的房间里找出一些好玩的东西。楠楠没怎么见过大表哥，只听妈妈嘴里知道大表哥喜欢玩，初中没毕业就出去打工了。楠楠翻了翻放在书桌上的东西，没发现什么好玩的，他正想离开的时候，发现书桌下面好像有几本杂志。楠楠弯下腰，把那些书捡了起来，他翻开一看，睁大了眼睛，立即合上了书本。原来，书里全是一些赤身裸体的男男女女，有女人丰满的乳房、男人的生殖器官……

楠楠知道这是黄色书籍，之前他在班里看到一些男生翻过类似的书籍，但从小就是乖孩子的楠楠从来没看过。现在从大表哥的房间里看到这样的书，楠楠又羞愧、又好奇，里面到底描述的是什么？为什么班里有些男生那么喜欢看呢？楠楠看了看房间外，没人注意自己。楠楠带着满腔的好奇心再一次打开书，看着那些画面，他不禁觉得面红耳赤，心里莫名地有一种冲动。正在楠楠看得入神的时候，爸爸喊起来了："楠楠，吃饭了。""哦，来了。"楠楠急忙把书扔到角落里，急匆匆地跑出房间。

从老家回来后，楠楠总感觉自己心神不定，上课时什么也听不进去，脑海里始终呈现出那本黄色书里的画面。有时候，他的眼睛会不经意瞄向同桌娜娜那鼓起的胸脯和粉红色的嘴唇，每当这时，楠楠就会掐自己的大腿，让自己的思绪回到课堂上。晚上睡觉的时候，楠楠还经常梦见自己拉着娜娜的小手，亲吻着娜娜的嘴唇，醒来的时候，内裤已经湿透了。

楠楠觉得自己快疯了，总是想起那些事情，在写作业、睡觉的时候，总会忍不住想起男女之间的那些事情。等自己回过神来又觉得自己太不应该了，那些思想太肮脏了，楠楠感觉自己成为了一个坏孩子。就这样，他搞得自己很紧张，经常晚上失眠，白天精神也不那么好了，学习效率也有所下降。楠楠已经觉得难以控制自己了，而心里的愧疚感越来越强烈，难道自己真的变成一个坏孩子了吗？

💬 **爸妈送给楠楠的话**

在青春期，许多男孩子都会被脑海里冒出来的性幻想困扰，虽然努力克制自己不去想，但总是抑制不住那些"肮脏"的思想跑出来。等自己回过神来后，又觉得自己太不应该了，内心的羞愧使自己觉得思想变得脏了，成为一个坏孩子了。在如此反复的过程中，繁杂的思绪自然会影响到学习，久而久之，不仅学习成绩下降，而且人也变得萎靡不振。其实，爸妈告诉你，性幻想是正常的，这并不说明你就是一个坏孩子，你需要做的是正确地来对待"性幻想"这一正常生理和心理现象。

🔊 **你需要了解的知识点**

在青春期这一敏感时期，你需要多注意自己的性生理和心理变化，有性冲动是正常的，但要学会克制自己的感情，千万不要过分好奇而去尝试，这样只会误入歧途。在这一时期，学校和老师可能会给你们一些"性教育"的知识，在熟悉了那些知识后，你应该明白性行为可能会带来的严重后果。因此，在性幻想的时候，千万不要因好奇而与他人发生性行为，要学会控制自己，规范自己的行为，正确处理"性幻想"带来的困惑。

1. 什么是性幻想

性幻想又称为"性想象",是一种含有性内容的虚构想象,性幻想是存在于大部分未婚青少年头脑中的。由于青春期的敏感性,所以这一时期又是性幻想的活跃时期。对于青春期的男孩子来说,性幻想的产生是性发展成熟的自然表现。青春期伴随着的生理发展、性发育成熟以及达到一定程度的性激素,导致性欲的产生因而使人自然地萌发各种性想象。

青春期对性的好奇和追求,使得男孩儿对异性的爱慕十分强烈,但这种性冲动无法通过其他性行为来释放,于是便把自己曾在书籍、影视及网络中所看过的两性镜头,在大脑中重新组合、加工、编造和幻想成自己参与的性过程。换句话说,性幻想是青春期性本能的反映形式之一。

2. 性幻想给青春期男孩子带来的烦恼

虽然青春期男孩子的性幻想是正常的,但是却有许多男孩子为此而困扰,甚至出现严重的心理问题。一些青春期的男孩子都会害羞于自己的性本能,觉得性幻想是肮脏的事情,害怕自己会因此而变坏,于是对自己的性本能过分地压抑,最终导致一些或轻或重的心理问题,有些甚至导致神经性症状或心理疾病。

出现这样的情况,主要是因为青春期男孩子对性的恐惧,他们一方面是受到旧的文化观念的影响,对性知识没有一个正确的理解；另一方面，缺乏对性的科学认知，认为这是坏孩子干的事情。所以，如何来解决青春期因性幻想而带来的心理困扰，就必须正确认识性幻想，并能恰当地处理自己杂乱的思绪。

3. 作为青春期男孩子，应如何正确看待"性幻想"

在青春期，学校和父母虽然都会给予一定的性教育，但是最关键的还是需要青春期男孩儿自己的努力，学会控制情感，以正确的态度来看待性幻想。对此，你需要努力做好以下几个方面。

首先，青春期男孩要科学地认识有关性方面的知识。其实，性幻想是性本能释放的形式之一，性本能释放的大部分能量可以分散到学习上来，进而改善自己的学习生活。其次，当你在与异性接触中，要以自然、坦率、友好的心态进行交往。最后，远离有色情内容的录像带和碟片，转移自己的注意力，在课余时间多参加一些有意义的活动，有益地释放充沛的精力。由于青少年涉世不深，辨别能力弱，容易受社会环境的影响，因此在择友时应谨慎。

另外，当性幻想出现时，你可以暗暗地对自己说："处于青春期的我，有这样的想法很正常，下面我要认真地看书。"不要过分地纠缠于自己的性幻想，不过分否定也不过分沉溺，有适当的自我控制而不过分抑制，从而减轻性幻想对自己生活和学习的不良影响。

早晨，下面为什么会挺立

青春期男孩子的困惑：怎么会有讨厌的"小帐篷"？

一度，楠楠一直为一件事情而困惑，早上起床的时候，为什么"小弟弟"也站立起来了？每天早上，只要楠楠迷迷糊糊地睁开眼睛，就会发现自己的裤衩搭起了小帐篷，这究竟是怎么回事呢？楠楠一直没弄明白，而更令楠楠感到苦恼的是如此的"小帐篷"太让人尴尬了。有时候，只得蜷缩在被子里，等着它慢慢变小，或者趁着妈妈不注意的时候，急匆匆跑去厕所"嘘嘘"，更奇怪的是，等"嘘嘘"完了之后，那小帐篷就慢慢消失了，难道它也是被尿憋醒了？

这天早上，楠楠正做着美梦，"楠楠，起床了。"妈妈一掀开被子，抓着楠楠的胳膊使劲儿摇晃。楠楠揉着惺忪的睡眼，去洗手间撒尿，裤衩顶得像一个小帐篷。妈妈笑着："看你给尿憋的，再晚点儿起床，非要尿在床上不可。"妈妈的笑声一下子惊醒了楠楠，他窘迫极了，赶忙躲到厕所去了。在厕所里隐约听到爸爸一边笑一边和妈妈说道："这你就不懂了，这不是尿憋的，而是晨勃。"妈妈一听，不好意思地嗔怪一句："就你懂！没正形的。"楠楠正想问："什么是晨勃？"爸爸却拿着公事包出门上班了，楠楠看着爸爸远去的背影，嘴里喃喃自语："晨勃？"

上午第三节课是男女同学分开上生物课,自从开始讲生理结构这一章,班里的男女生都是分开上课的,这样可以避免尴尬,同时还能够更好地解决孩子们的青春期困惑。风趣的生物老师进了教室,就在黑板上写下两个字"晨勃",然后说道:"那天,有同学问我什么是晨勃?今天我先抽一点儿时间给你们讲一讲这个问题。我先问你们,你们每天早上起床的时候,是否发现自己的裤衩好像支起了一个小帐篷?""是啊!"下面的男生异口同声地回答,生物老师笑了,说道:"首先,我得恭喜你们,你们都是发育正常的男性。一般来说,正常男性的阴茎,除了外界刺激可以使它勃起之外,有时内脏器官的反射动作也会导致它勃起,而最常见的就是早晨醒来常见的阴茎勃起,这是一种正常的生理现象,医学上称之为晨勃。其实,也就是大人嘴里常说的'一柱擎天'。"哦,原来是这么回事,听了老师的解释,楠楠总算明白了"晨勃"是怎么回事。

爸妈送给楠楠的话

每天早上醒来,青春期男孩子都会遇到"小帐篷"的尴尬,这让许多孩子陷入了窘迫的境地,但是无论自己怎样努力,还是避免不了早上醒来时"小弟弟"的挺立。其实,这是大部分男性都会有的"正常现象",更是青春期男孩子特有的标志,这证明你已经慢慢成为了一个真正的男子汉。晨起的

"一柱擎天"不是什么病症，更不是什么见不得人的事，如果这样的现象出现在自己身上，千万不要为此感到烦恼或羞愧。这就是医学上所说的"晨勃"。

🔊 **你需要了解的知识点**

清晨勃起（晨勃）是所有性功能正常男性普遍存在、会自发产生的生理现象，是性能力成熟、健康的表现。所以，当你醒来发现"小弟弟""一柱擎天"的时候，你应该为自己的健康身体感到高兴。当你发现勃起时就去卫生间小便一次，因为通常在膀胱内尿液排空后，阴茎会自然而然地疲软下来。在这时，你要学会控制自己的心理，不要因性冲动而担心、紧张，这是正常的生理现象。

1. 为什么会出现晨勃这样的生理现象

据美国一位学者的研究资料报道，男子在青少年时期的阴茎清晨勃起次数多于中年和老年时期。一位德国医生也研究了这种生理现象，他发现，男子在患病期间的阴茎清晨勃起次数明显少于健康时的次数，于是他提出，阴茎清晨勃起可以作为观察男子性能力和健康状况的参考指标之一。

阴茎出现清晨勃起的原因：一是男性的雄性激素睾酮在血液中的浓度多在清晨达到峰值，有诱发和刺激阴茎勃起的作用；二是夜间排尿次数相对减少，尿液使膀胱充盈，膀胱内压力增加所产生的作用。另外，还有一些其他诱发因素，如性梦及某些睡眠姿势、床上用品的刺激等，也可使阴茎出现反射性勃起。

2. 如何应付平日里阴茎勃起的状况

阴茎勃起，对青春期发育的男孩子来说，是非常普遍的现象。这种冲动可以在各种情况下发生，如睡梦中、早晨刚刚醒来、洗澡时，甚至在公共场合。而且往往自己难以控制，有时真让男孩感到自己好像做错了什么事，进而感到羞愧、内疚和不安。

青春期男孩子受刚刚增高的雄性激素水平影响，对性刺激尤为敏感，阴茎受刺激后容易勃起的现象完全正常。如果是在公共场所遭遇"尴尬"的话，应该首先检查自己是否穿着了过紧的内裤、牛仔裤，或者身边人太多时，有无不经意的阴茎摩擦，这两个因素都可能导致它容易勃起。

自慰，有哪些危害

青春期男孩子的困惑：自慰对身体有伤害吗？

自从楠楠上次看了那本黄色书刊，心里一直抹不去那片阴影。虽然在爸爸的帮助下，楠楠很快调整了自己的心理，精神也有所好转了，但每到夜深人静的时候，楠楠脑海中就会冒

第3章 关注身体，男孩也要保护自己

出那些赤身裸体的男女。想着想着，楠楠竟然想到了同桌的娜娜，娜娜那白皙的皮肤、粉红色的嘴唇，都令楠楠脸红心跳，心里有一种说不出来的感觉。他开始回忆自己与娜娜说的每一句话，她的微笑，她的声音，他下意识地把手摸向了自己的"小弟弟"，轻轻地抚摸着它，他越想越觉得有一种快感，心中有一股冲动……后来，当看到湿透的裤子时又感觉到一种羞愧，马上用面巾纸把下身擦干净了，然后就睡了。

　　第二天，他来到班上，看到了坐在身边的娜娜，想起昨晚的龌龊行为，不禁羞愧难当。整个上午，他都没有精神好好学习，就连娜娜跟自己说一句话，楠楠都觉得自己很难为情，好像做了对不起她的事情。无聊的楠楠翻看了生物书，原来自己那样的行为就叫自慰，通过自慰，使男性获得一种排精的快感。既然书本上都写着这样的知识，那肯定是正常的，自己没必要那么羞愧，那是正常的心理和生理需求。楠楠一边安慰自己，一边静下心来学习。

　　楠楠明白了自慰是正常的心理需求，他心里也就没什么顾虑了。有时候，陪着爸妈看电视，看到亲吻、拥抱的镜头，楠楠都觉得自己好兴奋，这时他会借口说去卫生间，在那里，他幻想着自己喜欢的女孩子，一次次自慰。不仅如此，在睡觉之前，楠楠也会不断地抚摸"小弟弟"，希望能获得一种快感。可隐约中，楠楠又觉得自己的行为好像是错误的，就这样过了几天，楠楠发现自己竟然有了黑眼圈，精神常常处于萎靡不振的状态，学习根本提不上劲儿，这是怎么了？难道是自慰带来的危害？

这天晚上，吃过晚饭之后，爸爸喊住正要回房间的楠楠："楠楠，爸爸有话对你说。"楠楠愣住了，跟着爸爸来到了书房，爸爸很和善，微笑着说："楠楠，爸爸妈妈看到你成长了，心里很高兴。可是，无论你遇到了什么事情，都要跟爸爸妈妈说，我们毕竟是成年人，比你懂得多，可以正确地引导你。""嗯。"楠楠低头答应着。爸爸又说："今天，我无意中路过你的房间，发现地上有很多面巾纸，爸爸很担心你。虽然自慰本身是无害的，但是……"

💬 爸妈送给楠楠的话

现代社会，由于电影、电视、报纸、杂志、网吧中色情作品的诱导，使一些青春期男孩看了以后，引起生理上的性冲动，逐渐地学会了自慰。当然，第一次获得了快感，就想有第二次，紧接着你就会上瘾。虽然对于青春期男孩来说，到了青春期偶尔有一次自慰，发泄一下生理上的欲望，这是正常现象。但是也有不少男孩子染上自慰的习惯，甚至许多人陷入自慰的习惯而难以自拔，有的人甚至天天如此以寻求快感，这样既损伤身体，又摧残心灵。对此，爸妈很担心你的身心健康，更需要教导你正确地对待自慰，因为过量的自慰对身体是有伤害的。

🔊 **你需要了解的知识点**

自慰，过去称为手淫。自慰是从儿童期就存在的行为，多是由于无意识地偶尔玩弄生殖器、穿紧身裤、爬杆等活动时，摩擦使生殖器受到刺激并引起快感，一般并没有性高潮。当男孩到了青春期后，由于体内的生理变化，雄性激素增加，由此产生性冲动和性欲，对性问题满怀憧憬、好奇、幻想。作为一种本能，他们会在性心理的驱使下开始有意识地自慰。

1. 如何看待自慰现象

作为一个青春期男孩子，首先应该对自慰有正确的认识，自慰并不是一种病态，适当地自慰不但不会影响身心健康反而有益。这是因为正常的性欲是人类繁衍后代最基本的需求，是很正常的现象。而自慰不会传染任何性病，也不会涉及他人，或卷入感情纠葛，也不会导致性攻击甚至性犯罪的发生，所以是一种合理的释放性欲的方式。

2. 过度自慰给身心带来的危害

但是，过度地自慰会影响到青春期男孩子的身心健康。过度自慰就属于一种心理障碍，并且会严重影响身心健康，造成一些泌尿生殖系疾病、神经衰弱等，其危害主要表现为：中枢神经系统症状，如意志消沉、记忆力衰退、注意力不集中、理解力下降、失眠、多梦、头昏、心悸等；泌尿生殖系疾病，如慢性前列腺炎引起尿频、尿末滴白、下腹及会阴部不适、腰酸无力、性欲减退、阳痿、早泄、不射精等。

而且，经常自慰会成为一种不好的习惯，更会形成同性恋、自恋等病态人格，对生殖器官、性欲唤起都会造成损害。

对于男性来说，一般建议自慰不要超过一周两次，避免其过频给自己的身心带来一些不必要的损害。要尽量减少自慰次数。

3. 如何减少自慰，保护好自己的身心

青春期的男孩子平时需要注意生活规律并适当调节；还需要注意自己的穿着，在日常生活中尽可能地不穿太紧的衣裤；有充足的睡眠时间，睡觉时被褥不要过暖过重；养成良好的卫生习惯，经常清洗自己的私密部位；学习之余多参加社交活动，可以分散你的注意力，有益于身心健康；要适当接受性心理和生理卫生的教育，掌握有关性的基本知识，排除对自慰有害的错误认识，能够正确处理性紧张与性冲动。

另外，你还可以从以下几个方面去做：以平和的心态勉励自己，如果能适当控制自慰，其实是有利于自己的身心健康的；循序渐进、有意识地逐步减少自慰的次数；尽可能地不看有色情内容的书籍、影片，以减少性方面的刺激；可以参加一些有益身心的活动，分散自己的注意力，缓解生活压力；必要时可以找心理医师咨询。

生活是美好的，你们也正处于一个美好的年龄，父母希望你们能够走出误区，更好、更快、更健康地成长。

第二篇
悸动青春,也别让这些问题困扰你

青春期可以说是一个人一生中变化最多的一个时期,幻想与困惑、理智与激情同时存在,心态的变化、外界的刺激,各种各样美好的理想以及对知识的渴求交织在一起,这让男孩子们内心开始变得躁动不安起来。

第 4 章　焦虑不安，让躁动的心归于宁静

　　青春期也是一个充满幻想的季节，少男少女们对未来充满了美好的向往；青春期又是一个充满诱惑的季节，未知的东西对少男少女充满了吸引力；青春期又是一个悸动的季节，少男少女之间多了点拘谨，少了些随和。在这个悸动的青春期，孩子，你要学会让自己的心绪平静下来。

为什么一看到女生就紧张

　　青春期男孩子的困惑：我怎么变成小结巴了？

　　度过了一个漫长的暑假，楠楠已经从一个初中生变成了一个高中生。也不知道是不是暑假经常打篮球的关系，楠楠整个人长高了，也变黑了，看起来更成熟了。在学校里，楠楠遇到了以前的初中同学，大家都说："张楠，一个暑假没见，你长帅了嘛！"楠楠虽然嘴上说："哪里，哪里。"但心里却乐开了花。不过，令他自己觉得奇怪的是，再遇到初中同桌娜娜的时候，楠楠竟然变得结巴起来，娜娜有些兴奋地说："张楠，原来我们考上了同一所高中啊，真幸运，说不定咱们还可以做同桌呢！"楠楠吞吞吐吐："希望……是吧。"娜娜奇怪地看

第4章 焦虑不安，让躁动的心归于宁静

了他一眼，说道："怎么说话也不利索了？"楠楠只是摇了摇头，就找了个借口离开了。

离开了娜娜之后，楠楠恨不得找个地缝钻进去，自己到底是怎么了？怎么看到娜娜还变得紧张了，说话都不流利了？好像娜娜除了长高、变漂亮之外，也没什么其他变化啊，那自己到底是怎么了呢？楠楠正在想着，爸爸走了过来，说道："怎么？看见以前的老同学也不过去打声招呼？看你，比女孩子还害羞，以后怎么追女孩子啊？"楠楠脸红了，没想到爸爸还跟自己开起了玩笑，追女孩子？不会吧，现在看到女孩子就紧张得不得了，更别说追女孩子了。

办完了入学手续之后，爸爸和楠楠一起上了公交车，楠楠挑选了一个靠窗的位置，一边欣赏窗外的风景，一边听歌，心情很是惬意。不过，楠楠老觉得有人在看着自己，等自己回过头来，那双眼睛又避开了。楠楠忍不住回头瞄了一眼，发现盯着自己看的竟然是一个年纪相仿的女孩子，而且她还长得很漂亮。楠楠脸红了，心跳也快了，只见那女孩子忽闪着大眼睛盯着自己，楠楠连忙把视线移向窗外，身后传来那女孩子"咯咯"的笑声，楠楠更窘迫了，感觉浑身不自在。

到小区了，楠楠和爸爸一起下了车，没想到那女孩子也在这里下车，而且她并没有马上走开，反而是跑了过来。那女孩子露出甜美的笑容，打着招呼："你是张楠吧？"楠楠一愣，

那女孩忍俊不禁:"怎么?几年不见就不认识老同学了,我是你的小学同学姚雪啊。"姚雪,那个小时候长得跟洋娃娃一样的姚雪?楠楠想起来了,不过,看着姚雪那张笑脸,他只是说了一句:"哦,是你。"比起楠楠的冷淡,姚雪说得很起劲儿:"没想到咱们高中读一所学校,还住同一个小区,以后咱们读书可有伴儿了。"姚雪的话,楠楠没怎么听清楚,他只知道自己现在紧张得连手放在哪里都不知道。

💬 **爸妈送给楠楠的话**

孩子,随着青春期的到来,你会突然发现,不知道从什么时候开始,自己对女生的感觉已经不同了。可能在小时候,你会把女孩子当成自己的玩伴,但现在一遇到她们,你就会脸红心跳,紧张得不得了,好像自己做了什么亏心事一样。对这样的心理反应,你感到很不解,更多的是觉得不可思议,这到底是怎么了?

当你进入了青春期这个美好的年龄段,你会发现在你身上发生了很大的变化,这样的变化不仅有来自身体外面的,更多的是来自内心深处。不知道什么时候,遇见隔壁家一起玩大的女孩儿,也会羞涩的不知如何面对;不知道什么时候,看见同桌女孩子身体那日渐起伏的曲线,也会心猿意马;不知道什么时候,见到了年纪差不多的女孩子,会相对无言,局促

第4章 焦虑不安，让躁动的心归于宁静

不安。其实，这就是青春期男孩子的心理变化，对待女孩子的感觉完全不一样了。在女孩子面前，你们更多的是紧张与不安。

童年的时候，你们只把女孩当成一个玩伴，你们一起打闹，一起上学，一起玩过家家。虽然那时候什么都不懂的你们也会模仿大人做一些看起来很好玩的事情，但却从来没有认真想过女孩子对自己意味着什么。

其实，爸妈在童年的时候也跟你们一样，与隔壁的异性小伙伴玩过家家，甚至还会编一些草戒指互相戴在对方的手指上。那些美好的回忆，对于咱们所有人这一辈子来说，都是最为珍贵的，那时候我们天真无邪，那时候我们什么都不懂。

但现在，身体和心理上的变化给我们带来了烦恼，尤其是面对女孩子的时候，其实这是正常的心理转变过程，我们需要做的就是坦然地与女孩子接触，不紧张，不羞愧。

你需要了解的知识点

一晃儿，青春期扇动着翅膀来到了你们身边，你们也发现那些小时候瘦小的女孩已经长成亭亭玉立的大女孩了，你们的下巴也开始冒出了胡子，这些成长的痕迹，也给你们的心理带来了一些冲击。你们通过学习一些生理方面的知识，已经认识到两性之间的区别和两性之间的关系。

1. 正确看待青春期男孩子心理变化

在青春期，你的心理将会发生很大的变化。当再见到那些往日关系亲密的女孩，你会脸红，你会口拙，心跳会加速。甚至在看到她们微微鼓起的胸部，以及逐渐发育良好的身体曲线，也会觉得全身热血沸腾，不自觉地产生一种冲动。而在这时候，心里会强忍住这样的欲望，因此变得羞愧、自卑，会觉得自己是一个坏孩子。其实，孩子，这都是青春期的正常心理反应，也是你们处于这个年龄不得不面对的心理变化。

2. 如何面对这一心理变化

那么，如何面对这样突如其来的心理变化，在日常交往中怎样保持与异性之间的关系呢？

这就需要你不断地告诉自己，这是正常的心理，不要产生什么羞愧，而应以一种坦然的心境与异性交往，和女孩子成为好朋友，可以互相交流学习方面的情况，也可以互相交流感情。在与女孩子接触的同时，一定把握好与异性交往的原则，那就是大方自然，不要表现得扭扭捏捏，拘泥不安。

孩子，青春期是一个美好的时期，需要你自己好好把握。虽然青春期的心理变化会给你们带来一些困扰，但这都是暂时的，而且也是需要你们自己认真面对的。以后，当你们成为了真正的男子汉，相信这一段美好的时光也会成为你们最珍贵的回忆。

与异性相处，有什么方法

青春期男孩子的困惑：为什么总是会惹女孩子生气？

自从上次与姚雪偶遇之后，楠楠发现原来大家住同一栋楼，于是，性格活泼的姚雪经常会来楠楠家跟他一起做功课。这天，楠楠还没起床，妈妈就进来催："楠楠啊，赶快起来，姚雪都来了，你们一起赶快把作业写了。我跟你爸爸说好了，你今天得把作业写完才能出去玩，到时候你爸爸要给你检查的。我要去上班了，你在家不要偷懒哦。"还没睡醒的楠楠没好气地回答："我都还没睡醒呢，就催我写作业，这个姚雪也真是的，怎么这么早就起来了，大周末的，她都不睡觉啊？"他一边嘴里嘟囔着，一边艰难地从床上爬起来。

在客厅里，姚雪正与爸爸聊得起劲儿，楠楠洗漱完毕之后，摊开了作业本开始写起作业来。姚雪也不打开书本，只看着楠楠写作业，突然她惊讶地说了一句："哎，你的数学成绩真好，这么难的题都找到了解题方法，我真佩服你。"楠楠一抬头，正对着姚雪那对忽闪忽闪的大眼睛，他的心里一阵慌乱。姚雪毫无顾忌地挨着楠楠坐了下来，看着他写作业，楠楠心里一阵紧张，不小心把数字给写错了，姚雪好心指出来："你这里把数字都写错了，你在想什么呢，粗心大意的。"楠楠觉得心里莫名地烦躁，他没好气地回答说："你离我这么近干吗？如果你不坐在这里，我肯定不会写错。""你！"姚雪有点儿生气了，但楠楠却觉得心里有说不出的舒坦。姚雪坐了一会儿，就起身走了，楠楠有点儿失落，为什么自己每次都把她气走呢？但如果不把她气走，自己又没心思写作业，这到底是怎么了？

一会儿，爸爸走了出来，问道："姚雪呢，怎么走了？"楠楠一脸紧张："我也不知道她怎么就走了。"爸爸一边看报纸，一边说："姚雪的成绩可不差呢，英语非常好，每次测试都是全班第一。你不知道吧，她就是数学成绩差了一点儿，她昨天还向我问起你的数学成绩怎么样呢？其实，我觉得你们两个可以互补，你帮她补数学，她帮你补英语，你觉得爸爸的主意怎么样？"楠楠虽然嘴上没说什么，但心里还是挺赞成爸爸的话。

下午，楠楠去了姚雪家，正看见姚雪在那里认真地写作业，楠楠有点儿不好意思地说："对不起，上午我说话太不客气了。"姚雪放下手中的笔，笑着说："没关系，其实，我是想向你请教数学方面的问题。"楠楠脸红了，说道："我英语成绩一直不怎么好，我也正想向你请教英语方面的难题呢，咱们以后互相帮助吧。"姚雪点点头，两人一起笑了。

💬 爸妈送给楠楠的话

孩子，随着青春期的到来，由于性生理上的急剧变化，也引起了你们心理上一系列微妙而复杂的反应。在很多时候，当你们在与异性相处时，会因为心理上的不适应而使双方之间的关系变得疏远，甚至给异性造成心理上的伤害。就好像你与姚雪之间的接触，一方面，你看见姚雪，心里就莫名地紧张；另一方面，你总是压抑心中产生的莫名好感，表面上还对其态度比较恶劣。最后弄得两人的关系很不和谐。对此，你要学会接受心理上的变化，以坦然、真诚的态度展开与异性的交往，说不定你们还能成为学习上的伙伴、生活中的朋友呢。

你需要了解的知识点

青春期的男孩子需要端正与异性交往的心态，因为异性之间互相吸引、互相交往而获得的一种愉悦的情绪，是一种良好的、积极的情绪体验，并不需要回避。同时，它还会对你的身体健康有很大的帮助，对你的整个心理活动都会产生较多积极的生理效应，可以激发你的潜力，使你更加奋发向上。

那么在实际交往中，青春期男孩子如何正确地与异性相处呢？在这里，爸妈给你一些适当的建议，希望能消除你心中的困惑。

1. 互相帮助，互相学习

一般来说，男孩子在思维方法上偏重于抽象化，概括能力较强；女孩子在思维方法上多倾向于形象化，观察细致，富有想象力。如果男孩子和女孩子在一起学习，就有可能互相启发，使思路更加开阔，思维更加活跃，思想观点也能互相启迪。

在这样的交往中，能互相帮助，互相学习，达到共同进步。另外，即使在各种课外活动中，男孩子和女孩子也都是互补的，男孩子的活跃加上女孩子的文静，更是一曲动人的青春旋律。

2. 取长补短，丰富自我个性

进入青春期以后，由于性激素的分泌，第二性征的出现，使青春期男孩子的身体外形及体内功能发生了很大的变化。这样的变化使爸妈惊叹，孩子长大了，也会促进男孩子们对自己性别角色的认知的发展。所以，在青春期，男孩子与女孩子之间在心理上的差异比较明显，一般来说，男孩子比较勇敢刚强、果断机智，而女孩子则显得文静怯弱、感情细腻。因而在这一时期，男孩子与女孩子之间是互相吸引的，应该大方自然地与异性交往，这可以发现对方的优点和自己的缺点，以便于互相学习、取长补短，丰富完善自己的个性。

3. 不断地激励自己

处于青春期的男孩子都渴望引起异性的关注，希望自己以某些特点或特长受到异性的青睐。比如，有的男生吃饭总是狼吞虎咽，动作很夸张，但如果有女生在场，他们就会收敛自己的行为，懂得谦让，显露出君子风度。这样一种异性效应，使得男孩子会不断地激励自己，成绩会逐渐提高，谈吐也开始文明起来，举止也会潇洒起来，还会特别注意自己服装的整洁度。他们往往逐渐完善了勇敢探索精神、豁达的胸怀和男子汉的气质。

4.提高自我评价能力

青春期的男孩子都会很留心班上女孩子的一举一动，他们喜欢对女孩子评头论足，而且很重视异性同学对自己的评价。如果哪位男同学在寝室很懒散，衣服、被子都不洗，大家把这样的事例放在女孩子面前说，当事人就会觉得自己很没有面子，很受伤，甚至觉得懒散的自己再也不会受到女孩子的欢迎了。所以，这样的直接后果就是，当男女生之间在评价对方的同时，也一定会注意规范自己、塑造自己、完善自己，从而在评价别人中学会评价自己，使自我评价的能力得到提高。

当然，青春期的男孩子在与异性交往中既要自然大方、坦诚相待、相互激励、共同进步，又要注意男女有别，适当把握异性之间交往的"度"，才能使异性交往健康、顺畅地进行。

喜欢一个女生，我要表白吗

青春期男孩子的困惑：怎么心中赶也赶不走那个影子？

在爸爸的开导下，楠楠与姚雪组成了互相帮助的学习小组，不过成员只有两个人。放学后，两人都是在一起温习功课,遇到什么不懂的难题,则是两人一起讨论,最后一起解决。在这一段时间里,楠楠与姚雪接触多了起来,越来越发现姚雪是一个难得的好女孩,她不像班里那些女生一样八卦,在她身上没有漂亮女孩子普遍的通病——清高。每次与人说话,姚雪总是很亲切,面露笑容。不仅如此,姚雪还是一个擅长艺术的女孩子,能歌善舞,还弹得一手好琴。对姚雪了解得越多,楠楠越觉得心里有只小鹿在扑通扑通地跳,他也不知道自己是怎么了。

有时候,楠楠会一个人坐在教室里傻笑,沉浸在与姚雪相处的喜悦之中。她那张美丽而青春的脸庞老是出现在自己的脑海里,不断地向自己微笑,楠楠感觉自己心里像吃了蜂蜜一样甜,他很享受这种感觉。直到那天发生了一件事,楠楠才意识到自己喜欢上姚雪了。

那天体育课上,楠楠发现二班也在上体育课,那可是姚雪她们班呢,于是楠楠悄悄地用眼睛搜索着姚雪的影子。正在他看得认真的时候,班里的男生开始起哄了,小胖说:"看见二班那个穿粉红色裙子的女生没?人可漂亮了,简直就是我们学校的校花啊!"小柯好奇地问:"那你打听到她叫什么名字没?"小胖眼神狡黠:"当然了,我是包打听嘛,她叫姚雪,不仅人长得漂亮,而且,成绩也十分优异。"几句话引得一群男生讨论起来,楠楠也听到了,心里不是滋味,他很想大声说:"姚雪就跟我住在一个小区,我们是好朋友。"但他还是忍住了,听着班里男生对姚雪的赞美,楠楠心里酸酸的,好像吃了一个青涩的橘子。这是怎么了?难道自己喜欢上姚雪了?

虽然楠楠明白自己还是一个学生,但他克制不了内心的情感。他每次下课都会假装去卫生间,经过二班教室的时候,总忍不住向里面瞟上几眼;在课间操的时候,视线也会不由自主地向二班移去;下午放学的时候,楠楠也会故意磨磨蹭蹭地收拾书本,等着能和姚雪坐上同一班公交车;在与姚雪一起学习的时候,楠楠也总是假装自己某个问题搞不懂,故意向姚雪请教,借此拖延学习的时间。

就这样过了几个星期,楠楠觉得自己脑海里满是姚雪的样子。有时候,晚上还会做梦梦见她,她的笑容是那么美,让自己的心都醉了。无论白天还是夜里,楠楠脑海里一直有姚雪这个挥不去的影子,弄得楠楠总也提不起精神来学习,这该怎么办呢?

爸妈送给楠楠的话

孩子,当你步入了青春期,心里会产生一种青春的悸动,开始关注异性的一举一动,慢慢地,你也就有了自己心仪的异性。在自己喜欢的女孩子面前,你显得很笨拙,不会说什么话,但心里却有一种很快乐的感觉。相处久了,你恨不得每天都能见到对方,你会到处打听关于她的一切信息,包括她所喜欢的电影、书籍、活动,你还会故意制造一些"邂逅",只是为了跟她说上一句话。

孩子,青春期是一个感情懵懂的年龄,即使你真的喜欢上了某个女孩子,这也是很正常的,这也是爸妈值得骄傲的事情。因为,你产生了这样的心理,说明你已经长大成人,懂得如何去喜欢一个人了。不过爸妈要告诉你的是,现在你年纪还小,还处于学习阶段,你的主要任务是学习,只有学习好了,你才有能力去给予你喜欢的女孩子幸福。因此,学会克制自己的感情,不要盲目地陷入青春期感情的泥沼,将喜欢埋在心里,等你长大了,或许你的想法已经变了,又或者你还喜欢着她,这时你再告诉她,只有这样,你们才会有一个更好的开始。

你需要了解的知识点

孩子,你需要思考,你到底喜欢对方的什么呢?是漂亮的外表还是甜美的笑容?是活泼的个性还是善良的心灵?是优雅的举止还是优异的成绩?如果你仅仅是因为对方的外表而喜欢她,那说明你这样的喜欢只是一种好感,而不是真正的喜欢。

1. 青春期的"喜欢"只是一种好感

当你在青春期时,会出于对异性的一种好奇,而萌发出懵懂的情愫。父母告诉你,真正的喜欢并不是只来自外表,而是内心的东西，或许是她的善良，或许是她乖巧的个性，或许是她的朴实。另外，喜欢一个人就会接受她的全部，假如当你喜欢的女孩子无意之间在你面前做出了失礼的动作，相信你对她的好感一定会有所消减，甚至会觉得她是个行为粗鲁的女孩儿，因而你这样的好感并不是一种真正的喜欢。

你们现在的年龄，有喜欢异性的心理是正常的，但是这样的感情需要自己去克制，因为你们都在不断地成长，不断地蜕变，还有更美好的前途等着你们，这个时期是不适合早恋的，否则只会影响到你们的学习。

2. 把喜欢埋在心底，大方自然地与她相处

有时候你可能无法克制自己的情感，那么你不妨换一种方式，大方自然地和她相处，与她成为朋友。在学习上互相帮助，在生活上互相关心，甚至你可以带着她和爸妈吃一顿饭，爸妈会理解你们之间的友谊。等到你们过了这段美好的年龄，也许你们心里的想法已经有所改变，那时候你们已经是交情甚好的朋友了。

如果你比较羞涩，那么不妨把这样美好的感觉藏在心里，把喜欢转换成一种动力，好好学习，女孩子可不喜欢那种学习成绩糟糕的男生。等到你有了优异的成绩，拿到了大学录取通知书，你再把这份埋藏在心底的感情告诉对方，那时候无论你们之间的情况是怎么样的，爸妈都会给予你最好的祝福。孩

子，青春期是美好的，但是更加美好的前途在等着你们，所以不要磨蹭，赶快向未来冲刺吧！

我竟然收到了一封情书

青春期男孩子的困惑：怎样对待那张粉红色的信笺？

早上，楠楠刚到教室，就听见小胖拿着一张信纸在讲台上念："亲爱的某某，春天，我陪你轻轻漫步在盛开的百花之间；夏天，我陪你奔跑在欢乐的小河之畔；秋天，我陪你徜徉在火红的枫林之下；冬天，我陪你围坐在炽热的火炉旁边。如果有一天，我化作了一抔黄土，这黄土长出的青草也是为你而绿，开出的黄花也是为你而香；如果有一天，我化作了一溪清泉，这清泉里蹁跹游摆的鱼儿也是为你而舞，那叮咚的泉响也是为你而唱——爱你的某某。"

教室里安静了下来，有人悄悄问："这是谁写给谁的情书啊？""不知道啊，也没说名字。"有人回答。这时，在教室的角落里传来了一阵啜泣声，楠楠循声看去，原来是班里最有文采的女生——文静，难道这情书是她写的？也难怪她会哭，当着全班的面念她写的情书，她铁定是尴尬死了。楠楠看了看正在讲台上得意的小胖，心里有些不平：这情书是写给谁的呢？收到了情书怎么这样处理呢？岂不是伤害了女孩子嘛！不过，如果是自己收到了情书又该怎么办呢？

下午上完了体育课，楠楠满头大汗地跑进教室，急忙把抽屉里的一瓶水拿出来，直往嘴里灌。猛地喝了几口，感觉已经不是很渴了，他就坐下来，发现地上有一张粉红色信纸，好像是刚才自己拿瓶子的时候给带出来的。他好奇地拿起来，慢慢打开信纸，看到里面写着："张楠，犹豫了好久，还是决定给你写这封信……你不要猜测我是谁，我只是一个默默喜欢你的女孩子，我很普通，普通到你可以忽略不计……希望你每天都那么快乐。"一口气看完了信的楠楠，觉得血液好像全部涌上了脸，早上还在想该怎么处理情书，怎么下午就收到了？一阵慌乱之下，他连忙把信塞进抽屉里，又拿着瓶子喝了几口水，心里简直乱成了一锅粥。

过了一会儿，内心平静下来的楠楠开始猜测，这到底是谁写的呢？看那娟秀的字迹，自己好像很熟悉，但又想不起是谁来。这时候，同学们陆续进了教室，看着一张张熟悉的面孔，到底是谁呢？突然，进来的小美意外地看了楠楠一眼，小美是个平时不怎么说话的女孩子，但是长得很文静也很漂亮，写得一手好字。等等！楠楠回忆起上次收练习本的时候，自己还夸小美的字写得很好呢。原来是她！楠楠心里一片慌乱，不知道该如何是好。瞅了瞅课桌里那张粉红色的信笺，楠楠迷糊了，怎么办？交给老师，不行，那会伤害到小美的；给她回一封信，不行，这岂不是给了对方一个期望吗，那该怎么办呢？

爸妈送给楠楠的话

孩子，当你收到了一张粉红色的信纸，那娟秀的字迹，那字里行间真情的告白，那弥漫在信纸上的暧昧，都会告诉你这不是一封普通的信，而是一封情书。相信此刻，你的心里充满了惊讶、欢喜、不安，甚至更多的是慌乱，不知道该怎么处理这封情书才好。不过，如果爸妈知道你收到了一封情书，肯定会感到由衷的欣慰，孩子长大了，也有女孩子喜欢了，那说明在你的身上具有了某种迷人的东西，那就是一种吸引力。你不要感到窘迫，也不要感到不安，应该感到骄傲。

作为一个青春期的男孩子，能够收到女孩子写给你的情书，这说明你已经具备男子汉的魅力了，那就是一种莫大的自豪，它足以让其他男孩子感到羡慕，甚至是嫉妒。想起爸爸小时候，哪里能收到女孩子的情书，自己送出去的情书不被交给老师就算不错了。

你需要了解的知识点

情书，在青春期，是男孩子与女孩子之间表达爱慕之情的书信，每个处于青春期的男女生都会懵懂地想写情书，这是情理所在，是无可非议的，但考虑到你们如今是学习的最佳年龄，最好还是少做这样的事情。

在收到情书之后，或许你心里还会有惊喜，原来自己这样子也会讨女孩子喜欢。但惊喜之后就是不安了，你该如何处理这封信呢？在这里，爸妈给你建议：不管写信给你的女孩子是不是你心仪的，或者说是你讨厌的，都需要以一种认真的态度处理。

1. 尽量不要给对方难堪

如果你觉得这样的信是很可笑的，也不要交给老师，也不要拿给男同学看，更不要在全班面前宣读，否则只会让对方感到难堪。因为女孩子的心思是只希望你一个人能知道，这封信她并不想被其他人看到，所以她这份心意是你必须尊重的。你可以把这封信放在一个珍藏的地方，作为一种美好的回忆，当你老了之后，也可以让你留下美好的回忆。

2. 不带伤害的回应

收到了情书，如果你不想回应，不妨按下面的办法处理：若无其事。也许她写信只是一时的冲动，假如你急于回信，会给对方一种错觉，她会认为你也有意，可能会继续给你写信，所以你不妨装作不知道，这样与她正常交往，既不过分疏远和回避，也不过分热情和亲近，要落落大方，坦然自若；或是直接向她表明自己的态度，婉言拒绝对方，并表明会珍惜彼此之间的友谊,也要向对方保证,自己一定会保守这个秘密。

总之,你拒绝的态度要坚决,方式要恰当,语气要温和。另外,你还可以向心理咨询师或心理辅导老师求助,让他们为你想一个恰当的解决办法。

3. 克制"早恋"的欲望

如果写给你情书的女孩恰恰是自己喜欢的女孩子,这该怎么办?千万不要觉得原来对方也喜欢自己,那么就开始了早恋。现在你还是一个学生,在这一阶段你的任务是学习,对于恋爱这件事,你没能力承担起应负的责任,而且它只会影响你的学习和生活。你们互相喜欢,不妨做最好的朋友,等到你们都学业有成,再来谈这件事也不迟。所以,如果你收到的情书是你喜欢的女孩子写的,要学会克制心中"早恋"的欲望。

很多时候,你在收到情书后,或者是不想说"不",或者是不会说"不"。无论哪一种情况,都需要你仔细思考爸妈给你的上述建议,用恰当的方式,灵活地处理,使你们之间的关系成为正常的同学或朋友关系。

第5章　花季困惑，梳理这些成长中的烦恼

青春期的来临，由于身体上的变化以及认识到两性之间的区别与关系，或许会给你带来一些小麻烦。很多时候精神没办法集中，总是爱开小差；好面子，总想在同学面前树立好的形象；开始迷恋网络，偶然发现父母和老师的话也并不是绝对的正确。那么，在这个充满困惑的青春期，我们该如何避免这些烦恼呢？

为什么一上课精神就无法集中

青春期男孩子的困惑：精神总是恍惚不定怎么办？

最近一段时间，楠楠总是感觉精神恍惚，上课的时候也是没精打采的，习惯性的动作就是盯着黑板或者天花板发呆，他也弄不清楚自己到底在想什么，但就是不愿意听老师讲课。有时候他极力想听清楚老师在讲什么，但往往是听到了几句话，心又飞走了，结果一堂课下来什么都没学到，一下课就哈欠连天，趴在桌上睡了起来。同桌关心地问："张楠，你最近是怎么了？生病了吗？生病了可要看医生。"楠楠只是摇摇头，他自己也不知道这是怎么回事，其实他并没有想什么，可精神就是不能集中起来。

往往到了晚上,张楠的精神便是出奇的好,难以入睡,经常是靠着数绵羊才进入梦乡。但即便是睡着了,也会接二连三地做梦,早上醒来的时候感觉整个人都没精神,这令他第一次觉得"睡觉好累"。因此他常常在临出门上学前,还是哈欠连天。爸爸担心地看着他:"这孩子,怎么最近老是看起来没精神啊?"妈妈一边收拾桌子,一边回答说:"是啊,看着他的样子就担心,过一阵子就要进行月末测试了,这样的状态,考试准考不好。"爸爸接过话:"你呀,就是急功近利,一次考不好也没关系,关键是希望他打起精神来。"

过不了多久就是月末测试,楠楠不是不知道,但是他也只能心里暗暗着急。在上课的时候,为了能使自己集中精神听课,他使劲儿掐自己的大腿,直到身体感觉到疼,他就会清醒了过来,这样会暂时集中精神。可过不了多久,就又分神了。几位科任老师讲课的时候,都注意到楠楠眼神在四处游离,觉得他精神不对劲儿。针对楠楠的这种情况,老师们向班主任王老师说了。

这天,王老师把楠楠叫到办公室,说道:"张楠,你最近怎么了?家里有什么事情吗?为什么总是精神不集中,上课总喜欢开小差?各科老师都向我反映你的上课表现,你也知道,过阵子就是月末测验了,你怎么一点儿都不放在心上。"楠楠低着头,声音很低地说:"我也不知道是怎么回事,其实我也没想什么,可总是感觉白天没精神,晚上难以入睡。"王老师想了想,建议说:"我看你最好在周末的时候好好出去玩一下,玩累了,晚上容易入睡,这样,第二天想来精神不会很差,赶紧把你的生物钟调整过来,好迎接即将到来的测试。"

爸妈送给楠楠的话

孩子,爸妈最近注意到你精神很差,干什么事情都提不起劲儿。爸妈看着很着急,一方面担心你的学习,另一方面担心你的身体状况。不过爸妈是过来人,明白你在这一时期的诸多烦恼,也因为这些烦恼你的精神才变得恍惚不定。可能你自己都搞不明白这是怎么回事,在这里爸妈就向你解释一二。

在青春期,由于身体和生理上的不断变化,会给每个男孩子带来一些心理上的烦恼。于是,就会出现上课精神不集中、精神恍惚、晚上失眠等状况,而这些状况将会影响到你的学习和生活。如果不及时采取有效措施改善,有可能导致你的学习效率降低,学习成绩下降,甚至对生活也会逐渐失去信心。当然,在这一阶段爸妈会陪着你共同面对,但更多需要你自己的努力,努力改善自己的心理状况,这样才会使情况得到真正的缓解。

你需要了解的知识点

进入青春期,出现精神不集中、精神恍惚的情况,是多方面原因引起的。对此,你应该找准自己的心理问题,对症下药,如此才能根治这种情况。凡事不用太担心,有爸妈陪在你身边,一切都会过去的,你会振作精神,成为爸妈骄傲的优秀孩子。

青春期所带来的心理困扰、精神困扰,并不是那么可怕,你需要拿出男子汉的勇气,积极面对,这样才会克服心理上的压力以及困扰,使你的学习成绩蒸蒸日上,助你茁壮成长。

1. 精神恍惚不定的原因

综合起来,青春期男孩子精神不集中的原因有这样几方面:

有可能是性心理带来的困扰,青春期的男孩子正处于一个身体和生理发育的时期,不可避免地会接触到性知识,这样就会产生一种性心理,会莫名地对异性产生一种冲动,在上课的时候也会不由自主地想起自己喜欢的那位女孩子,脑海里总是飘过她的影子,甚至睡觉之前还是挥散不去。结果将直接导致白天上课精神无法集中,晚上却难以入睡。

也有可能是你无意之中在同学那里看了黄色书刊,这也会在一定程度上引发你性心理上的冲动,困扰你的学习和生活。也有可能是自慰过度,青春期男孩的自慰本身是无害的,但自慰过度也会过多地消耗你的精力,使你出现精神恍惚的状况。

另外,还有可能是学习上的压力,你们面临着人生的转折点、升学、考试,这些都是你们在学校不得不面对的,老师、家长也会相应地给你们一些压力,进而加重你们的心理负担。

你们总是担心自己考不上学校，这样的担心日益严重起来，就变成一种焦虑心理，越担心，精神越不集中，成绩也开始下降，而成绩的下降使得自己心理压力进一步加重，进而形成恶性循环。

2. 青春期男孩子的应对措施

在生活中，与异性相处要大方自然，互相成为学习上的伙伴，与其建立正常的同学关系；不要接触一些黄色书籍和黄色电影，这对你身心都是有害的；改掉一些不良的习惯，养成健康的生活习惯；可以专注一些自己的兴趣爱好，多参加一些活动，当你运动得大汗淋漓后，就一定会睡个好觉。例如，选择与爸爸妈妈一起出门郊游，这也是一项有益身心的活动。另外，坚持养成早睡早起的习惯，精神自然就不会恍惚了。

青春期的男孩也"好面子"

青春期男孩子的困惑：为什么总喜欢打肿脸充胖子？

跟朋友小柯在一起的时间久了，楠楠就一直被灌输"面子"的思想，小柯经常会说："俗话说得好：'树活一张皮，人活一张脸。'这面子，对于男人来说十分重要，什么都可以丢，就是不能丢了面子。"刚开始听到这句话的时候，楠楠不以为意，面子有那么重要吗？但渐渐地，楠楠觉得自己看错了，面子还真就那么重要。比如，他经常在家里听见爸妈打电话，需要求助上司或朋友帮忙，习惯性地就会说一句："你就给我个面子吧，赶紧把这事儿给办了。"原来，面子在很多场合都是颇有分量的。慢慢地，楠楠也开始"好面子"起来。

周末，老家的表弟来城里玩，楠楠拿出自己最新收藏的CD，告诉表弟说："这可是限量版CD，最新流行，你听听，很霸道的。"表弟从小生活在农村，也不知道那玩意儿，只能是楠楠说什么就是什么，楠楠觉得自己在表弟面前忒有面子。

最近，班里的同学都在讲"劲舞团"这个游戏，大家都说怎么怎么好玩。小胖无意中问道："张楠，你有劲舞团的号吗？我加你啊，晚上一起玩。"楠楠一直对网络游戏就不感兴趣，他也从来没接触过什么劲舞团，但害怕被同学说"out"了，他只好假装说："有啊，我最近玩得很疯啊，晚上我一定加你。"结果，晚上回到家，楠楠顾不得吃饭，就开始搜索劲舞团这个游戏，立马注册，还尝试玩了几次，这样一来，第二天到学校同学就会信以为真了。不过，由于整个晚上都用来熟悉劲舞团游戏，把功课却搞忘了。

其实，真正令楠楠觉得"好面子"的烦恼是上周才发生的一件事情。上周末，朋友小柯过生日，几个玩得好的朋友都学着社会的风气送起了"份子钱"。而且小胖说："小柯可是17

岁生日,这是雨季的开始,那可是大事,咱们一人200元,怎么样?"200元?这太多了吧。楠楠刚想说,就让小胖一句话顶了回去:"你觉得多吗?其实,现在这个社会都这样,如果你出得少了,那就是丢你自己的面子。"楠楠沉默了,200元上哪儿去弄啊,只能自己拼命节约了,而且还得向爸妈撒谎说:"学校最近要订购新的学习资料,需要交100元。"到时候拆穿了咋办,还有,下一周的生活费咋弄?这些都是楠楠烦恼的事情。

💬 爸妈送给楠楠的话

孩子,中国人历来就比较注重面子,更有"交际场上,面子大过天"的说法。而大多数好面子的人都是男士居多,对于男人来说,什么都可以丢,但就是不能丢面子。爸妈不能否认面子的重要性,但"好面子""讲面子"还需要依据自己的实际能力而为,千万不能为了面子什么都去做,这样只会给自己增加无尽的烦恼。

当朋友知道了你什么弱点,你会不希望他在大庭广众之下谈论它,否则你就会生气,觉得自己失去了颜面;碰到朋友需要帮忙的时候,即便是自己没有足够的力量,也会毫不犹豫地答应下来。在你们看来,面子是重要的,不希望自己在朋友面前不被看好,也不希望在同学面前显得没有能力。不过,面子有时候也是一把"双刃剑",它有时候会伤到自己。

🔊 你需要了解的知识点

在很多时候,单纯、涉世不深的你们会误以为给朋友提供无限的帮助就是好事,是自己讲义气的表现,假设不能提供帮助,便觉得自己显得没有能力,在朋友面前也丢了面子。这样的想法其实是错误的,你们年纪还小,即便是给予朋友帮助,所提供的力量也是有限的,这些你的朋友也都明白,你根本不需要打肿脸充胖子。

1. 朋友之间最重要的应该是真诚

朋友之间最重要的是真诚,是坦诚相待,你是怎么样的情况,就如实告诉你的朋友。如果你的朋友的确是需要帮助,那么你可以向爸妈求助,我们一起帮助他;如果他所做的是违法乱纪的事情,那么你应该及时正确地指引他走出来,这才是真正的帮助,而不是对他的要求一一答应。如果你真的答应下来,那所谓的"面子""义气"并不是好事,而是帮助他人犯错的借口。

需要说明的是,好面子、讲哥们义气,这对于男人之间的友谊在一定程度上是需要的,但凡事都有个限度,千万不能打肿脸充胖子。朋友之间,真诚才是最重要的一座桥梁,而且有时承认自己的能力与实力,并不算丢面子,这只是一种坦诚的态度。人生漫漫长路，你不需要活得那么累，凡事坦诚一些，生活也会给予你最坦诚的回报。

2. 如何正确看待"面子"这回事

面子是重要的，但需要看在什么时候、什么场合，如果仅仅是哥们义气，或者只是为了显示自己懂得更多，那样的面子不要也罢，因为，如果真相被揭穿了，你丢的面子将会更大。这样一些道理不仅需要知道，而且需要你牢牢地记住，无论现在也好，以后长大了也罢，都需要记住：不是任何事情都需要好面子，否则吃苦头的只能是你自己。

在女孩心里，怎样的男孩更招人喜欢

青春期男孩子的困惑："男人不坏，女人不爱"难道真是这样吗？

看电视的时候，楠楠经常看到这样的故事情节：女主角挥动双拳，使劲儿拍打男主角的胸膛，嘴里嗔怪："你真是坏，讨厌死了！"男主角则一把抓过女主角的手，双手环抱着她的腰，坏坏地说："男人不坏，女人不爱！"男人不坏，女人不爱？难道真的是这样吗？那么，像自己这样的乖孩子，岂不是不讨女孩子喜欢了？楠楠觉得女孩子很奇怪，一边说着"男人坏，讨厌"，但一边还投怀送抱，这到底是怎么回事呢？

到了学校，楠楠仔细观察，发现那些比较拉风的男生真的很受欢迎。比如，隔壁班的那位"风衣哥"，因为他长年累月地穿着风衣，大家亲切地称他为"风衣哥"。在学校里，可能没有谁比他更拉风了，穿着时髦，永远留着最流行的发型，经常叼着一根烟在校园里晃荡。但是，他的另外一面更惊人：曾被学校勒令退学，据说是他的爸爸跪下来求校长，才答应他留下来继续试读一学期；他抽烟、喝酒、打架什么都干，学习成绩永远是全年级倒数第一。这些记录使得他"风靡"整个学校，不过，依然有不少女孩子喜欢他，追随着他。

楠楠就搞不明白了，这世界是怎么了，优秀的男孩子多的是，大家却偏偏喜欢那个坏家伙？

楠楠气愤地放下书包，抱怨道："这世界是怎么了？"同桌那女孩笑道："怎么了？张楠，生谁的气啊！"楠楠坐了下来，问同桌："你们女孩子是不是都喜欢那种坏男生啊？就是经常抽烟、喝酒、打架的男生啊。"同桌女孩子笑了："那只是凑个热闹而已。但是，你放心，大多数女孩子都喜欢像你这种阳光男生，只有像你们这样的男生才懂得什么叫责任，才值得女孩子依靠。"几句话下来，楠楠的脸红了，原来，女孩子喜欢的男生也并不一定非是坏男生。

第5章 花季困惑，梳理这些成长中的烦恼

💬 **爸妈送给楠楠的话**

孩子，你在学校久了就会生出这样一些感触：为什么学校里受欢迎的男孩子永远是那种看上去坏坏的男生呢？他们就像是一群怪异的少年，引来无数的女生为之疯狂。他们打扮新潮，穿着夸张的服饰，叼着一支香烟，怎么看，怎么坏。不仅如此，他们的成绩也是差得一塌糊涂，常常成为学校领导呵斥的对象。但就是这样一群男生，却夺走了许多女孩子的心，这是为什么呢？难道原因仅仅是自己不够坏吗？

当然不是，坏男生，在某种程度上是会散发出一种吸引力，但是这样的魅力只会被那些整天做梦的青春期女孩儿所欣赏。青春期的女孩子喜欢幻想，她们看多了电影和电视，总是崇拜那些电影里坏坏的古惑仔，或者武打片里英武的侠士，在现实生活中，她们就把这样一种崇拜投放到那些坏男生的身上。女孩子有这样的心理是源于其认知程度低，等到她们真正长大了，她们会意识到真正的好男人并不是那种看上去坏坏的男人，而是值得自己依靠的男人。

🔊 **你需要了解的知识点**

事实上，青春期女孩子的心理变化会导致她们产生对异性的好奇以及一些浪漫的幻想，总认为坏男生能够给自己带来浪漫的爱情，甚至是惊天动地的爱情故事。但由于她们的认知

尚不成熟，对这个世界只有一些肤浅的认知，因此迷恋那些坏男生就好像她们迷恋明星一样。而且，"男人不坏，女人不爱"，这样的坏并不是男人本质的"坏"，这样的"坏"，可以理解为男人身上那种洒脱、风趣、有内涵的品质，如此有个性的男人往往是吸引人的。

那么，女孩子到底喜欢什么样的男生呢？你需要成为什么样的男生呢？

1. 有正义感的男孩子

一个男孩子需要有正义感，如此他才可以称得上一个男人。在学校里，学会帮助那些弱小的同学，在别人欺负他们的时候，你需要站出来，为他们说话，保护他们。不能看见一点儿事情就躲，这样不是男子汉的作为。

2. 善良的男孩子

善良是盛开在人性里最美的花朵，这也是中华民族的优良传统。与人为善，哪怕面对一个陌生人，也要尽自己所能，给予对方一定的关怀；面对跟自己有过矛盾的同学，要大度待人，原谅对方，与其建立更加和谐的关系；对爸妈和家人要友爱，爸妈的爱是无以回报的，在现阶段，你所需要做的就是听从爸妈的建议，做一个明事理的孩子。

3. 有责任、有担当的男孩子

你还需要成为一个有责任、有担当的男孩子，或许你现在并不知道"责任""担当"的深刻含义。但是当你长大成人之后，你会发现，责任和担当是男人身上不可缺少的精神。只有这样，你的肩膀才值得女人依靠，也才能给她们以安全感，也才有能力给予她们幸福。

4.风趣、幽默的男孩子

当然，男孩子不能太呆板，你得学会幽默、风趣，不知道你发现没有，在学校里，那些受欢迎的往往是风趣、幽默的男孩子，绝不是呆呆的书生。你长大了，总会形成一定范围的交际圈子，爸妈告诉你，在交际场合，大受欢迎的依然是那些风趣、幽默的男士。不过，要学会这样的本事并不简单，首先你得是一个开朗活泼的孩子；其次你得热爱生活，有发掘幽默的能力；最后，你还得拥有一口好口才。如此，你才能将幽默发挥得淋漓尽致。

上网可以，但别沉溺网络

青春期男孩子的困惑：怎么应对虚拟世界的诱惑？

在楠楠小学的时候，家里安装了电脑，当时妈妈建议将电脑装在书房，进出门随时锁门，只有在做完了作业的情况下，每天可以接触电脑一两个小时。后来楠楠慢慢长大了，爸妈也就不怎么管他了，只是要求他上网只能查资料、学习，偶尔玩玩游戏。一直以来，楠楠的习惯很好，他从来不接触那些大型游戏，只是玩玩小游戏，算是缓解学习上的压力，另外就是与同班同学聊聊天。

不过，最近也不知道是不是学习上的压力逐渐加大了，楠楠开始痴迷网络，经常一个人待在书房玩到半夜，最后在爸妈的几次催促下才不情愿地关了电脑。爸爸好像嗅到了楠楠逐渐上升的"网瘾"，家里的电脑又开始严格控制起来。楠楠只得跟同学去了学校附近的网吧，第一次去网吧，楠楠被网吧的气氛吓到了，发现里面坐着的全部是与自己年纪差不多的青少年，叼着香烟、戴着耳机，他们有的玩游戏，有的看电影，有的聊天。闻着那股呛人的味道，楠楠有些受不了，但接连着去了两三次，他就习惯了，甚至觉得网吧就是人间天堂。于是，放学后，网吧成为了楠楠常去的一个地方，他常常在网吧待到晚上七八点才回家，回家就说自己去打篮球了，爸妈也没怎么在意。

这天回到家，楠楠借口需要查资料，一个人溜进了书房，正在他玩得热火朝天的时候，爸爸走了进来。爸爸叹了一口气："楠楠，爸爸以为你从来不会撒谎的，可你为什么说你放学后一直在学校打篮球呢？原来却是跑到网吧玩电脑了。"楠楠涨红了脸，低着头不说话。爸爸继续说道："电脑本身是没有危害的，但是对于你们这个年龄来说，是一个经不住诱惑的阶段。网络上既有一些需要你们学习的东西，也有危害你们身心健康的东西，爸爸希望你能得到健康的成长。当你能够辨别事物的好坏时，那我就可以放心了。"楠楠若有所悟地点点头。

没过多久，楠楠在报纸上看到这样一个新闻：某市一中学男生痴迷网恋，偷偷拿了家里的钱去私会网友，结果发现自己一直痴迷的女孩子原来是一个中年男子，自己的钱被骗了不说，还被揍了一顿。原来，那虚拟世界的诱惑是带着"毒"的，楠楠觉得自己再也不能陷进去了，得慢慢地回归到之前的学习习惯，戒除网瘾。

爸妈送给楠楠的话

孩子，说到电脑，爸妈不得不说，现在这个时代进步了，你们从小就与电脑为伴，想想以前爸妈读书的时候，直到大学的时候我们才真正接触电脑，在这之前对电脑是一窍不通。或许，恰恰是我们接触电脑比较晚，我们这一代人许多人都痴迷网络，有的人在网吧猝死；有的人为了打电脑游戏而辍学。当时，爸妈就在想，可能到了你们这一代，由于从小就与电脑做伴，应该不会产生网瘾的。可如今，没想到你还是染上了网瘾，网络就是一个虚拟世界，如果深陷其中，定是难以自拔，终有一天你将会被那虚拟的世界吞噬。

互联网，它可以帮助你学习，但也可以毁掉你的青春。关键在于怎么看待它，怎么对它，如果你仅仅是用它来查资料、学习，那么它将会给你很大的帮助；但是如果你用它来玩游戏、浏览黄色网站、网恋，那么你的青春都将毁在它手里。对此，关于网络，爸妈需要给你一些建议，希望你能明白其中的道理。

你需要了解的知识点

现代社会，网络已经不再是一种新鲜的科技，它开始走入寻常百姓的家。特别受到许多青春期男孩子的喜欢，你们可以在网络上聊天、玩游戏、看电影、交朋友、购物，在你们看来，网络就是一个全新的世界，然而它也是一个有着致命诱惑的世界。

对于正处于升学阶段的你们，学习的压力沉重得常常让你们喘不过气来，但网络却不一样，它没有压力也没有残酷的现实，于是，越来越多的青春期男孩子成为了网迷的一分子。像任何科学技术一样，互联网也是一把"双刃剑"，它对青少年的成长既有积极的影响，也有消极的影响。你可以利用网络来促进学习，反之，沉迷于网络也会让你毁掉学业。

那么，我们该如何辩证地看待网络世界呢？

1. 网络对青少年的积极影响

网络在很大程度上对青春期的孩子是有着积极影响的，通过网络，青少年们可以学习更多的知识，探索一些现代高科技知识，还可以开拓视野、提高智力。另外，它也可以起到一定的教育作用，弥补一些传统教育不能起到的关键作用。

网络信息量很大，信息交流的速度也是相当的快，并且实现了全球信息共享，比较自由。所以，你们可以随意通过网络满足自己的需求，浏览来自世界各地的新闻信息，甚至一些书本上没有的知识。在这样一个知识量极大的平台，使青少年涉猎的领域空前的宽广，极大地开阔了青少年的视野，给青少年的学习、生活带来了许多便利和乐趣。

网络是一个虚拟的世界，在这个世界里，每一个人都能够超越时空，与一些相识或不相识的人进行联系和交流，谈论一些共同的话题。另外，由于网络的虚拟性，避免了直接交流时带来的摩擦与伤害，是一个崭新的交流场所。青春期的你们可以借助网络的互动性，通过网上聊天室或者是论坛等方式广交朋友，参与社会问题的讨论，发表观点、见解。

另外，网络的存在还可以促进青少年个性化发展，促进青少年的学业，拓展当今青少年教育的空间，网络还对青少年心理发展与健康有着积极影响。这也使网络成为你们青春期不可或缺的伙伴，成为你们学习上的帮手。

2. 网络对青少年的消极影响

由于处于升学阶段的你们学业和心理负担比较重，网络很容易成为你们躲避负担和压力的"防空洞",并沉迷其中不能自拔。另外,由于你们不具备较高的识别和判断能力,无法自觉抵御不良信息的影响,因此,容易影响到你们的身心健康。

一些青少年长期沉迷于网络,也会导致一些精神和躯体的病症,影响他们的健康成长;网络上还有一些宣传黄色、暴力等内容,也容易让孩子们受到不良的影响;有的孩子自我控制能力比较差,沉迷于网络,甚至荒废了学业;另外,处于人生观、价值观成形期的青少年,分不清真善、假恶,缺乏判断是非的能力,容易导致他们误入歧途,甚至走上犯罪的道路。

综上所述,网络对青少年的影响是利大于弊,但是你们千万不能忽视网络的消极影响。正确地使用网络,网络会成为你学习上的帮手、生活中的伙伴;如果不恰当使用,就会使你上网成瘾,痴迷网络,学习成绩也会下降。因此,当你在使用网络的时候,需要避开一些不良的网站,多浏览绿色网站,让网络为自己所用,做一个健康的青少年。

第6章 拨开阴霾，让心智健康成长

孩子，在青春期这个极为敏感的年龄，隐藏着许多未知的危险禁区。由于你们的认知有限，又没有足够丰富的社会经验，稍有不慎就会被青春的阴霾遮住眼睛，涉足危险禁区，甚至误入歧途，毁掉自己的一生。

杜绝烟酒，心智健康成长

青春期男孩子的困惑：我可以抽烟、喝酒吗？

楠楠经常听爸爸说这样一句话："男人离不开烟酒。"似乎抽烟、喝酒是男人应该有的行为，不过爸爸却对楠楠看管得很严，他常说："在你未成年之前不能碰烟酒，在这一阶段我得管你。一旦你成年后，你是选择抽烟、喝酒，还是远离它们，我都没有意见，我只是提醒你，对于烟酒还是少碰为妙，它们将会给你的身体带来极大的伤害。"听了爸爸的话，楠楠似懂非懂。

其实，在学校里也有不少男生抽烟，他们常常躲进厕所，或者选择一个隐蔽的地方，三五个一群，围在一起抽烟。楠楠曾见过一支烟被不同的几个男生抽，当他第一次见到这样的情景，觉得很惊讶，更多的是奇怪，既然都没钱买烟了，干吗还抽那东西呢？不过，看着那些男孩子手指熟练地夹着香烟吞云吐雾，楠楠觉得有一种说不出的潇洒。偶尔，经过他们身边，楠楠也能闻到烟草的气息，或许那样的味道就是男人的味道吧。

周末晚上，受小胖的邀请，楠楠参加了他的生日宴会。小胖打电话通知说，这次生日宴会打算让大家好好地乐一下，就选择了酒吧。这是楠楠第二次进酒吧，第一次是进去找人，平时爸妈是不准他进出这种地方的。酒吧里灯红酒绿，楠楠看见不少跟自己差不多年纪的男女，和成人一样穿着露脐装、露背装，拥抱在一起，喝酒、划拳、抽烟、嬉笑，好不热闹，这样的气氛，楠楠有点不习惯。在小胖的坚持下，楠楠接过了人生中的第一支烟，青涩地拿着烟，点火、放到嘴边。突然，一阵烟味呛得他快喘不过气来。这时，同学递过来一杯酒，那是雪碧加白酒，楠楠一饮而尽，除了感觉到嗓子烧得发疼，还隐隐有一种痛快之感。

抽了烟、喝了酒的楠楠感觉头晕乎乎的，他坐在吧台那里休息，一位好心的中年男士走了过来，递过来一杯水，说道："小朋友，怎么了？"楠楠抬起头说："没事。"中年男士看着楠楠青涩的面孔，有些意味深长地说："小朋友，你还没成年吧？这里不属于你们，烟酒也不属于你们这个年纪，我劝你啊，还是少碰为妙。早点儿回家去吧，你爸爸妈妈估计在等着你回去呢。"这话听上去怎么这么耳熟呢？楠楠想起了爸爸曾经说过的话，看来自己还真的应该远离这个危险的禁区。

> **爸妈送给楠楠的话**

孩子，或许你经常目睹爸爸喝酒、抽烟，会以为抽烟、喝酒的男人才像男子汉。其实并不是这样。烟酒是成年男性应酬的手段之一，但并不是说每个男人都要把烟酒当成必不可少的生活用品，不知道你发现没有，爸爸正在戒烟，也很少喝酒了，除非是公司必要的应酬。烟酒对身体有很大的伤害，等你到了爸爸这个年纪就知道了。不过，爸妈不希望你太晚明白这个道理，因此，爸爸以过来人的经历告诉你：烟酒少碰，尤其是对于你们青少年。你的身体还处于发育期，烟酒对你的伤害远远超过成年男性，而且烟酒并不属于你这个年纪。

> **你需要了解的知识点**

抽烟、喝酒作为成年男性的应酬手段之一，其实对身体的危害相当大，尤其是对于正在发育成长的青春期男孩子来说。青春期的男孩子正处于迅速生长发育的阶段，身体的各部位、器官都还没有发育成熟，身体的防御系统诸如神经系统、内分泌功能、免疫机能都很不稳定，这样的身体情况对来自外界的不利因素和刺激的抵抗能力是比较差的。因此，抽烟、喝酒对青春期男孩子的危害远远超过成年男性。事实上，烟酒从来不属于青春期这个年龄。

为了让你清楚地明白烟酒对你身体造成的伤害，爸妈将它们的危害一一道出。

1. 香烟对青少年身体的危害

香烟对青少年的身体危害是多方面的，不仅仅影响了身体的发育，而且还会给你成年以后的生活造成直接影响。若你从青春期开始吸烟，这比那些成年之后再开始吸烟的人更容易染上烟瘾，成为终身的吸烟者，也更容易对尼古丁产生依赖。这样一来，稍有不慎还可能会染上其他的毒品。

由于香烟里含有大量的尼古丁，吸烟后尼古丁就会作用于神经系统，并产生暂时的麻醉效应，使你感到舒服。但这样的兴奋现象只是暂时的，之后就会麻痹与抑制大脑的神经系统，这样一来，大脑的思维、记忆与判断等机能都相应地减弱。另外，香烟燃烧产生的一氧化碳与血液中的血红蛋白结合成碳氧血红蛋白，影响氧的运送和供给，使大脑处于缺氧状态，进而影响到你的学习能力。

除此之外，吸烟也会影响到你的俊秀和良好的精神面貌。因为吸烟会使牙齿变黄，让你显得不干净，而你口中的烟味也会影响到你与他人的交际。另外，吸烟还使你看上去脸色苍白，显得少年老成，给人一种萎靡不振、颓废之感，也缺乏了青春期应有的蓬勃朝气。

2. 酒精对青少年身体的危害

正处于青春期的你，神经系统还没有发育健全，喝酒会造成头晕、头痛、注意力涣散、情绪不稳、记忆力减退等，这对于正处于学习的黄金时间的你是大为不利的。而且，酒对青春期男孩的危害远远超过了对成年人的伤害。如果你过量饮酒，还有可能对神经功能造成伤害。

另外，你的食道、胃黏膜细嫩，管壁浅薄，对酒精比较敏感，饮酒会影响胃酸及消化酶的分泌，导致胃炎或胃溃疡的发生。酒精进入人体后要靠肝脏来分解，而你的肝脏还没有完全分化，肝组织较脆弱，饮酒会破坏肝的功能，甚至引起肝脾肿大、酒精性肝硬化。饮酒后还会引起毛细管扩张，散热增加，抵抗力下降，易引起感冒和肺炎。

3. 青少年应养成不抽烟、不喝酒的良好习惯

因此，正处于青春期的你们是心理、智力和体格快速发育的时期，所以要养成不吸烟、不喝酒的好习惯，这对于你们一生的健康都是很有帮助的。如何抵制来自香烟和酒精的诱惑，这就需要你们有较强的自制力，控制自己的行为，养成良好的生活习惯，避开香烟和酒精的诱惑和危害。

保护自己，别涉足危险禁区

青春期男孩子困惑：哪些场所是不适合自己去的？

这天，数百名中学生聚集在操场，接受"青少年不适宜去娱乐场所"的教育活动。活动一开始，负责管理学生的张老师发表讲话："同学们，最近我们通过观察，发现了这样一些情况，本校的许多同学在放学之后不回家，而是聚集到网吧、KTV、酒吧、台球室、旱冰场等一些娱乐地方玩耍。当然，作为老师，我赞成你们拥有在课余时间以外的休闲场地，但你们所选择的场所是不适宜你们去的。在我所说的这些场所里，混杂着许多成年人，可以说是三教九流都有，我们很为你们担心。对此，特别开展这个活动，希望同学们能够慎重选择自己的休闲场所，远离那些危险的禁区，从而学会保护自己。"话音刚落，台下人群中发出了议论声。

坐在楠楠身边的小胖不以为然："去个酒吧还不行啊，那是社交场所啊，学校真是变态，连我们最后一点自由也剥夺了。""不过，那些地方还真是很复杂的，学校也是为了我们好。"一位持不同意见的同学说道。听着同学们不同的意见，楠楠觉得好像说得都挺有道理的。正在同学们议论得起劲儿的时候，活动中有一位学生代表出来讲话了。

学生自我介绍说："我是高二年级三班的某某，我感觉自己的业余生活太枯燥了。平时周一至周五都在上课，回家还要写作业、复习功课，根本没时间玩。好不容易盼到周末休息，又没有可玩的地方，以前我们几个要好的同学会在周末去滑旱冰，可是旱冰场里滑旱冰的都是成年的大哥哥，不但技术好，而且不讲道理，横冲直撞，把我们撞倒了非但不道歉，反倒凶狠地瞪着我们，我们被撞到之后连话都不能说，甚至不能不满地看着他们，否则就是惹祸上身，招来一顿拳打脚踢。后来，我们就渐渐地不去旱冰场了……我也去过酒吧，几个好朋友经常泡在酒吧里，不过因为酒精的作用，常常因为一句不经意的话就惹恼其他人，动起手来，有一次，我们的一个同学被社会上的人打得住了院。"

听了这位学生代表的讲话，下面的议论声开始小了，逐渐消失了。楠楠也明白了，什么酒吧、旱冰场、台球室等，这些地方都是不适合自己去的地方，就算自己是一个男子汉了，但是在成年人面前，自己还只是一个孩子。不过这样一来，哪些地方是自己应该去的呢？

爸妈送给楠楠的话

爱玩是孩子的天性，爸妈也是孩子时代走过来的，自然很明白你的心情。不过，爸妈最关心的是你成长的综合环境，担心的是你寒假、暑假、休息日的健康去处问题。每天放学回家，你写完作业就直喊"烦""无聊"，尤其是节假日休息在家、无处可去、黯然神伤的样子很让爸妈心疼。爸妈仔细一想起来,你们这个年龄阶段的孩子确实比较压抑,小时候还可以去公园玩,上了初中、高中就无处可去了。不过,爸妈最担心的事情还不是这个,而是怕你在无聊之下涉足了一些危险禁区,从而影响你的身心健康。孩子,你不是常常说"我长大了要保护妈妈"吗?但是,如果你现在不懂得保护自己,那么将来如何能保护妈妈呢?

你需要了解的知识点

有时候,爸妈在网吧、游戏厅、大众歌舞厅等地方总能看到一些学生的影子,还有在一些比较偏僻的网吧里总是泡着许多中学生,还有部分小学生和辍学者。甚至,就连节假日才准未成年人内的游戏厅平日里也很火爆,在里面的大多是青少年儿童。在迪厅、大众歌舞厅里,青少年的身影更是随处可见,年龄最小的只有12岁。当然,出现这样的现象,社会应承担一部分责任,但主要还在于你们自己的选择。另外,爸妈也发现,在网吧附近就有整洁明亮的书城、浪漫无比的海底世界,为什么不能选择一些健康向上、适合自己去的休闲场所呢?

1. 远离"危险禁区"

在休息时间进行娱乐活动、休闲活动的时候,需要远离"危险禁区"。什么是危险禁区呢?这并没有明确的定义,而是泛指一些影响青少年身心健康的娱乐场所。诸如网吧、KTV、酒吧、台球室、旱冰场等，这些都是成年人和青少年共用的休闲娱乐场所，在那里你们会遇到成年人、各种阶层的人，而以你们现在这个年龄阶段的认知，还不足以分辨出他们的好与坏，因此有可能你就会结识一些坏朋友，慢慢地被引上邪路。

另外，诸如酒吧、KTV这些地方，更是有许多不明药物，甚至是毒品出入。

在这样一个鱼龙混杂的地方，稍有不慎，你就会走上歪路，到时候你就知道"叫天天不应，叫地地不灵"的滋味了。因此在选择休闲、娱乐场所的时候，需要远离危险禁区，选择积极向上、健康的活动。

2. 你应该去健康向上的休闲场所

在每个城市，都有一些专为青少年而设立的休闲场所，诸如少年宫，还有一些集科普、艺术、影视、健康电子游戏为一体的青少年活动基地，图书馆等一些地方。

孩子，这些地方才是适合你们的一些休闲场所。虽然这些地方比不上网吧、迪厅的所谓刺激，但是它们一样可以舒缓你们的身心，使身心得到足够的休息，同时还能够使你学到一些有用的知识。所以，孩子，学会保护自己，选择积极健康向上的休闲场所。

远离"黄毒",别让青春失色

青春期男孩子的困惑:电脑中为什么自动弹出不明网页?

楠楠发现一个奇怪的现象,自己在用电脑的时候,老是不经意弹出一些网页,而且上面写着一些敏感的字眼,诸如"裸聊""A片""女优"。他也不知道那些网页是怎么出来的,而且一出来就是一大叠,有时候关也关不掉。几次在书房用电脑的时候,楠楠都是心惊肉跳,怕爸爸突然出现在自己背后,怕自己百口莫辩。不过说真的,那些网页真的不是自己打开的。

这天下午班会课,班主任拿了一张报纸进来,楠楠觉得很奇怪,难道班主任要给我们读报纸,没想到还真给自己猜中了。班主任示意同学们安静下来,然后他拿着报纸读了起来:"都说黄毒是青少年成长路上的杀手,这话一点也不为过。正处于身心发育阶段的青少年,如果染上了黄毒,很可能受其诱惑,犯下一个个悔之不及的错误。这几年全国各地都有倒在'黄毒'下的青少年,某地15岁的少年偷看母亲存放的黄碟,观看以后将魔掌伸向了邻居年仅8岁的幼女,并以小食品为诱饵,对其实施强奸;17岁青少年吴某成天上网看'黄碟',竟心痒难耐对邻居9岁幼女下手,奸淫后更残忍地将其杀死;15岁少年因看黄碟忍不住性冲动,竟向邻家8岁小妹妹施暴。一个个原本正处于花季的纯真少年,因为深受黄毒毒害,瞬间魔鬼上身，犯下了一个个不可饶恕的罪行。"这时，班主任放下了报纸，在黑板上写下了"远离黄毒"这四个大字。

"黄毒？难道那自动弹出来的窗口就是黄毒？"楠楠心想。这时，班主任讲话了："可能，你们还在猜想什么是黄毒。黄毒就是黄色、淫秽物品，宣扬男女之间不健康、不正当甚至变态的性行为，毒害人的心灵，毒化社会风气，容易教唆人们违法犯罪的音像制品、报刊、书籍以及现在网络上流行甚广的各种格式的电影文件等。现在随着互联网的发展，你们接触淫秽情景的机会大大增强，黄毒已经是不可根除的东西了，只能尽可能地约束。这节课，我主要给你们讲讲黄毒带来的危害，希望你们能够保护自己，远离黄毒。"

💬 爸妈送给楠楠的话

孩子，有时候你在网上查资料、聊天的时候，不明网页会自动弹出来，你好奇地点开它，发现原来是淫秽页面。如果你不马上关闭，一次次浏览，将对你的身心带来极大的危害。爸妈需要告诉你，那些不明网页是诱惑你上当的陷阱，慢慢地你就将被黄毒吞噬。黄毒是国家公安部门严令禁止的。但是，现代社会，互联网的日益变化，使黄毒渐成蔓延之势、不可阻挡，也增加了你们接触黄毒的机会。虽说黄毒是不可能根除的，但作为青春期男孩子来说，你可以自我约束，远离黄毒。

🔊 **你需要了解的知识点**

随着社会的发展、科技的进步，你们面临着越来越多的诱惑。这时最着急的就是爸妈了，打开电视会看见热吻、床戏的镜头，打开互联网会看到铺天盖地的裸聊、激情、诱惑，另外还有大胆直白的手机视频、短信，形形色色的成人口袋书。可以说，稍有不慎你就会被黄毒熏染。本来，青少年的自制力就不高，再加上这些黄毒的强烈视觉冲击，很容易使你引火烧身，做出一些危害他人和社会的违法举动。孩子，在黄毒面前要学会约束自己、控制自己，远离黄毒，你才能保持心智健康。

1. 远离网络"黄毒"，多参加课外活动

由于青春期男孩子正处于身心成长的关键时期，你们所具备的判断能力有限，当你无意中在网上浏览时，网络上的淫秽色情内容会令人防不胜防，你们没有太强的辨别能力，很容易沉迷其中、不能自拔。这样就会影响到自己的生活和学习，造成无心学习、精神萎靡的现象，进而危害你们的身心健康。

所以，当你在互联网上无意之中发现了这些东西，也需要克制自己的好奇心理，关闭网站，控制自己不受黄毒的诱惑。另外，你可以多参加一些有益的课外活动，在老师的引导下，参与积极向上的活动，避免网络淫秽色情的冲击。

2.勿用手机传播"黄毒"

黄毒的蔓延之势,使得手机也成了其传播的载体,现在很多孩子都有了自己的手机,除了用来与父母、朋友联络感情之外,也用来互相发一些短信、彩信之类的。而这样的一个载体也经常被那些不法分子加以利用,如果你交友不慎,而对方又沉迷于黄毒,就会不时地向你发一些黄色短片或黄色图片,如果你继续传播,将会使越来越多的青少年受到黄毒的危害。如果你收到此类的信息内容,应删除信息,并向给你发信息的人发出警告,必要的时候可以选择告诉老师或者爸妈。

所以,青春期男孩子应该学会克制自己,既不能受黄毒的危害,又不能把这样的黄毒传播出去危害其他同学。青春期是一个美好的时期,爸妈希望你们能在敏感的青春期平平安安、身心健康,这也是爸妈最大的欣慰。

了解并远离毒品的危害

青春期男孩子的困惑:毒品真有那么大的危害吗?

6月26日国际禁毒日快到了,学校开始准备一些讲座与活动,校园里挂起了"珍爱生命、拒绝毒品"的横幅。楠楠看着这样的宣传,心里直纳闷:毒品真有那么大的危害吗?小柯同学看见楠楠疑惑的样子,悄声说道:"你对此表示怀疑?""有那么一点点。"楠楠回答说。小柯神秘地说:"反正禁毒日快到了,这样吧,这个周末我带你去一个地方,保你看了之后就不会觉得怀疑了。""什么地方?"楠楠好奇地问道。"禁毒教育基地,我叔叔在里面工作,平时那些公安来我们学校讲座,即使讲得天花乱坠你也不信,你跟我去那里看看,你就开眼界了。"小柯意味深长地说。

征询了爸妈的同意,周末,楠楠跟着小柯一起去了戒毒所。刚一走进禁毒教育基地的展厅,映入楠楠眼帘的是一组照片,小柯在一旁解释:"照片中的吸毒女孩叫丽丽,16岁在发廊打工时被强制注射了海洛因,丽丽曾经主动戒毒,但后来还是没有抵制住毒品的诱惑,原来美丽的丽丽变得瘦骨嶙峋,最终下落不明。你听说过海洛因吧,这是我国毒品市场主要的消费品,毒性极大,成瘾很快,甚至只吸一次便可成瘾,而且很难彻底戒断。海洛因成瘾者一旦停用,甚至几小时不吸,就会痛苦至极,痛不欲生。"听了小柯的介绍,楠楠感觉有些毛骨悚然了。

在小柯的带领下,楠楠走进了一个实验室,工作人员正在拿一只兔子做试验。小柯在一旁解释:"叔叔是在用冰毒做试验,冰毒是纯白色晶体,毒性剧烈,吸食过冰毒的人都有好斗妄想、精神错乱等表现。现在,叔叔将10毫克的冰毒注入这只兔子体内，你猜它有什么反应？"楠楠没回答，他看着那只兔子不断地蹬腿，几秒钟之后，兔子不动了。楠楠很小心地用手去摸，发现兔子的身体已经开始发冷了。没想到，毒品比自己想象中更可怕。

🗨️ 爸妈送给楠楠的话

孩子，当你进入青春期以后，来自社会的各种东西在诱惑着你们，这其中就包括毒品。如果你身边的同学或者结交的社会朋友在尝试这种东西，而你又经受不住诱惑，往往也会深陷其中。通过浏览报纸、观看电视，想必你已经知道毒品的危害性了。但爸妈还是要告诉你，一个人只要沾上了毒品，那么他的一生就完了，这并不是说毒品的侵害性有多大，而是说一个人的意志力是有限的。许多人在毒品面前，往往会抛下自我意识，茫然地陷入另一个世界。对此，你应该远离毒品，珍爱生命。

🔊 你需要了解的知识点

毒品是指鸦片、海洛因、甲基苯丙胺、吗啡、大麻、可卡因以及国家规定管制的其他能够使人形成瘾癖的麻醉药品和精神药品。毒品具有依赖性、非法性、危害性等基本特征，它不仅严重危害人的身心健康，而且毒品问题还诱发其他违法犯罪，破坏正常的社会和经济秩序。而作为青少年，则是毒品预防的重点对象，随着新型毒品的泛滥，青少年已经明显地成为最容易受这类毒品侵害的高危人群之一。

在青春期，你们精力充沛，喜欢追求新鲜、刺激，非常容易受到新型毒品的诱惑。就像你们中有些人常喜欢去的歌舞厅、迪吧等这些地方，都是新型毒品泛滥的场所。许多孩子都是在好奇或不知不觉的情况下开始接触毒品，而且那些可恶的毒贩也常用各种招数诱惑孩子们吸毒。因此，你们必须远离危险禁区，远离毒品，追求有意义的人生目标，以健康的生活方式生活。

1. 青少年为什么成为毒品的对象

现在，越来越多的青少年成为了瘾君子，这是为什么呢？其实，青少年的心理不成熟是其"软肋"。青春期是一个人的认知水平由较低向较高水平发展的时期，他们对社会的认识还不够成熟；而青春期男孩子最大的情感特点是冲动、情绪不稳定，支配他们情绪的是事物的新奇性、趣味性和刺激性，而毒品恰好符合这样的特征；他们自我控制能力比较弱，容易做错事，尤其在不良因素影响和精神空虚时容易走上歧途。最后，导致青少年吸食毒品的原因有其无知和轻信、贪慕虚荣、追赶潮流、寻求解脱、交友不慎、赌气或逆反心理等。

2. 毒品的危害性

一旦毒品被摄入了体内，就对你的健康有着严重的损害，甚至会因为吸毒过量导致死亡。而且毒品对消化系统、呼吸系统、心血管系统、免疫系统等身体的各个部分都有严重的不良影响。另外，如果你不小心沾染上毒品还可能导致并发症的发生，如急慢性肝炎、肺炎、败血症、肾功能衰竭、中毒性精神病、性病及艾滋病等。

毒品不仅会对你的身体造成毁灭性的伤害，对你的心理也会产生严重的损伤。由于毒品的生理依赖性与心理依赖性，使得沾染上毒品的人很快成为毒品的奴隶，吸毒者生活的唯一目标就是设法获得毒品，为此无心学习。而且，长期吸毒会使他们精神萎靡、形销骨立，根本不像人样。所以，曾有人说：吸进的是白色粉末，吐出来的却是自己的生命。

3. 青少年的"自卫防毒术"

爸妈说得再多，你所需要靠的还是你自己，要严格控制自己，少受外界的诱惑，增强克制力。不轻信谎言，不要轻易和陌生人搭讪，不接受陌生人提供的香烟或饮料，出入娱乐场所尽量少喝里面提供的饮料，不要随便离开座位，离开座位时最好有人看守饮料、食物等。另外，树立正确的人生观、价值观，如果遇到无法排解的事情，需要寻求正确的途径解决，不能沉溺其中，更不能借毒解愁。

第三篇

积极阳光,青春与快乐同行

在青春期,男孩子的生理、心理迅速发育,这两方面开始出现一系列的变化。对此,在这一时期,你需要做好身体保健工作,争取做一个健康的男孩。尤为重要的是,由于你们对社会因素给心理方面带来的影响普遍缺乏免疫力,一旦面对,有可能会因应对能力缺乏而造成对心理健康的损害。因此,尤应保持健康的心理状态,做一个身心健康、快乐的阳光男孩。

第7章 创造健康，好男儿要身体健美

青春期是身体发育的重要时期，每一个男孩子都要格外地珍惜、爱护自己的身体。青春期男孩子每天需要保证身体充足的养分，热爱运动，强身健体，保持健康的生活习惯。这样，你才能健康顺利地度过青春期，成为一个真正的男子汉。

每天要保证营养充足

青春期男孩子的困惑：我这样的身体还需要补充营养吗？

越接近高三，学习越紧张，班里的气氛也变得异常紧张起来。当然，为了备战高考，大家可是豁出去了，决定拼出自己的一切，但最基本的就是应该保持身体的健康。有了健康的身体，难道还怕艰苦的学习吗？为此，班里同学一个个写了自己的营养计划，楠楠对此倒没怎么在意，在他看来，自己身体倍儿棒，怎么还需要营养呢？

课余时间，楠楠去找小柯商量足球赛的事情，没想正看到小柯在喝牛奶。楠楠笑了："拜托，最英勇的前锋，你的身体已经够好了，怎么还在拼命地补啊？"小柯摇摇头，指着楠楠说："你错了，我们的身体正处于发育期，而现在学习又这么紧张，肯定需要补补身体啊！不然，等你迎接完了高考，身体铁定搞垮了。"楠楠哈哈大笑，说道："没那么夸张吧，高考算什么，它拼的是脑力，就我现在这样的体质，打篮球、踢足球都没事儿，还怕高考？"小柯不以为然："正因为如此，所以才要好好补补，像你这样的身体，可能暂时没什么大碍，但如果长时间地学习、运动，迟早你会倒下来的。""唉！你太杞人忧天了。"楠楠实在不知道该说什么了。

晚上回到家，楠楠一眼就看见放在茶几上的两盒营养品，还有一箱牛奶。楠楠向正在厨房里忙碌的妈妈问道："妈妈，这是谁送的？"妈妈没好气儿地说："谁会好心送你这样的礼物啊，这是你妈妈我买的，给你喝的。""给我买的？没事给我买什么补品啊。"楠楠很是奇怪，妈妈解释说："马上就高三了，你学习越来越紧张了，时间长了，我担心你身体吃不消。所以妈妈的任务就是要让你的营养跟上，这样才能考出好成绩来。""可是，我这样的身体还需要补吗？"楠楠始终觉得自己这样的身体已经够健康了。"怎么不需要？别忘记了，你还是一个孩子，身体还没发育完呢，这个时期最需要营养"妈妈解释说。楠楠想，既然妈妈都这样说了，那就这样吧。

💬 **爸妈送给楠楠的话**

青春期是身体发育的关键时期，也是人生最重要的一个时期。在这一阶段，你身体的每一个部位都在生长和发育，与此相应，你的身体需要足够的营养，只有充足的营养才能保证身体健康发育。或许你会想当然地以为自己身体很棒，根本不需要补充营养，又或许在你看来只有女孩子才会娇弱，而男孩子的身体是强壮的，不需要补充营养。甚至你认为在学校里喝营养品、牛奶，若是被同学看见了也会觉得自己丢了男子汉的颜面。其实，你的这些心理爸妈都理解，但爸妈需要告诉你的是，在青春期，你的骨骼和肌肉发育比较迅速，由于这是一个生长发育的迅猛时期，男孩子对于营养的需求比较大。如果在这一时期，你的营养补充有所怠慢，那么将会影响到你身体的正常发育。

🔊 **你需要了解的知识点**

在青春期，男孩子对热量、蛋白质等营养素的需要量是这一生中最高的。这主要是因为此时的男孩子需要食物为之提供足够的热能，以促进身体的正常发育。另外，由于男孩子好动，经常参加课外活动，运动量远远超过同一时期的女孩子，从而使得你们的基础代谢增高、体力消耗增加，对此，也就需要更多的热量来维持身体的需要。

所以在平日，作为男孩子，需要摄取足够多的热量和蛋白质。当然，摄取食物时，在选择一些高热量、富含蛋白质膳食的基础上，更要注意均衡膳食，以补充全面的营养。尽量做到荤素搭配、主副食搭配，每顿饭中食物种类多一些为好。

1. 多吃富含钙、磷等矿物质的食物

在平时的生活中，男孩子应注意多吃海产品、蔬菜、水果等，因为男孩子在青春期骨骼发育较快，所以应该多吃富含钙、磷等矿物质的食物，如虾皮、海带、乳制品、豆制品等。

2. 多吃谷类食物

处于青春期的男孩子相对于女孩子来说，食欲比较强、食量也比较大，尤其是对谷类食物的摄取量是很大的。一般来说，谷类食物包括稻米、面粉、小米、玉米等。它们是人体热能的主要来源，同时可供给一定量的蛋白质、无机盐和B族维生素。谷类食物是青春期男孩子日常膳食的重要部分，据研究，13～17岁的青春期男孩子每日进食的主食量不应少于500克，否则就会导致营养不良而出现身体健康方面的问题。

3. 多食新鲜蔬菜

每天还应该摄取400～500克的新鲜蔬菜，以保证维生素和矿物质、纤维素的摄入量。有的男孩子偏爱肉食，尤其喜欢那些中西快餐店里含高脂肪、高糖、高蛋白质的食品，如炸鸡、汉堡包、三明治、冰激凌等。长期食用这种快餐食品对身体有害无益，暴饮暴食也会伤害脾胃，影响其他食物的摄入，并且易引起肥胖和增加成年后患心血管疾病的概率。

4.多摄取富含蛋白质的食物

男孩子在青春发育期身体生长迅速,身体内各组织、器官、肌肉都随之发育增长,所以体内也需要大量的优质蛋白质,而鸡、鱼、猪肉、牛肉、蛋、乳类食物等都是蛋白质最好的来源。也可以从大豆中摄取植物蛋白质,以保证每日蛋白质的需求量。

热爱运动,运动带来健康

青春期男孩子的困惑:缺乏运动为什么会经常生病?

早上,楠楠刚到学校,就看见班里几个男生扶着一个人出来,楠楠赶紧上前问道:"出什么事了?"小柯回答说:"小瑞生病了,感冒很严重。"小瑞?楠楠仔细看了看中间被扶着的那个人,还真是小瑞。小瑞是班里特文静的男孩子,平时就喜欢坐在教室里看书、写字,从来不出去玩,脸色苍白苍白的,经常因为生病而请假,这不,又生病了!楠楠关心地问道:"什么情况?严重不?"小柯回答说:"也就是流行性感冒,不过,他烧得比较厉害。"

楠楠目送着他们去了医务室,就回了教室,没想到班主任也在教室。楠楠坐到位置上去后,班主任讲话了:"同学们,最近天气有变化,你们要多添加衣服,做好防寒工作,小心感冒。另外，课余时间多出去运动运动，打打球、跑跑步，这样可以增强你们身体的抵抗力，像小瑞同学这样总喜欢待在教室里，也难怪身体那么差。"原来是这样的道理，没想到多运动还可以少生病，楠楠又明白了一个道理。

晚上回到家，楠楠看见爸爸在厨房里做饭，妈妈躺在床上睡觉。楠楠担心地问："妈妈怎么了？生病了吗？"爸爸回答说："你妈妈啊，她又感冒了，你妈妈身体抵抗力太差了，总是容易感冒。"楠楠分析说："我觉得妈妈是缺少锻炼，平时除了上班就是待在家里，大门也不出，身体怎么好得了。像我这样，经常出去运动运动，打打篮球、踢踢足球，就不会经常生病了。"爸爸笑着说："那倒是，你说的挺有道理，以后啊，咱们爷俩得敦促你妈妈出去运动，增强身体抵抗力。"楠楠点点头："是嘛，像周末啊，我们可以出去爬爬山、打打球，那也是运动啊。"爸爸一边炒菜一边说："嗯，不过，像你这样的年纪，更需要多运动，适当的运动可以帮助你们更健康地发育成长，还能增强身体的抵抗力。""我可是经常运动哦，在我们班，谁不知道我这个运动健将啊。"楠楠打趣地说。

爸妈送给楠楠的话

孩子，你们正处于青春期这一身体发育的重要时期。也因为如此，这时你们的身体需要得到很好的锻炼，才能促进身体的健康发育与成长。你也许发现了，与你同龄的孩子，有的长得像小胖墩，有的则一阵风都能吹倒的模样，有的小小年纪就戴上了近视眼镜，还有的孩子竟然成了小驼背。爸妈希望你能长成一个健康的阳光男生，而只有多运动才能铸就你健康的体魄。再说，你们平日里学习紧张，这更需要健康的身体来支撑。在青春期这个活力四射的年龄，只有让你的身体迸发出无尽的力量，你的青春才会更显亮丽光彩。而健康有效的锻炼身体，当然就是适当的运动，当你循序渐进地锻炼身体、提高身体素质的同时，还能养成一辈子运动的良好习惯，而这个习惯将会使你永远受益。

你需要了解的知识点

有时在学习之余的休息日，你们没有了繁重的课业压力，无所事事，这本来是出门运动健身的好日子，但许多孩子不愿意外出，整天待在家里玩电脑，还有的则喜欢睡懒觉，一到周末就一觉睡到中午，从来不吃早饭。平时又怕热又怕冷，不愿运动。于是，假期之后，本来不错的小伙子长胖了好几斤，但个头却不见长。你们完全可以在学习之余进行适当的运动，这样可以提高身体素质，也可以培养良好的运动习惯。

1.缺乏运动的孩子容易生病

对于正处于长身体的青春期男孩子来说，运动绝对是一个锻炼身体的好办法。楠楠的同学小瑞，就因为缺少运动，所以脸色苍白、身体很瘦弱，经常生病，这将直接影响到学习和生活。很多青春期男孩子缺少运动，身体素质很差，抵抗能力也差，使得一些病毒、细菌很容易进入他们的身体，使本来就脆弱的身体更加不堪一击。而运动恰恰能够使你练就强健的体魄，提升身体素质，增强抵抗力，这样即使面对肆意横行的病菌，你的身体也可以毫发无损。

2. 运动应适当，不宜过量

运动是一件好事，但凡事应有一定的度，过量了就成为影响身体健康的坏事了。运动可以增强你们的体质，有防病健身的作用，但过量的运动或运动方式不适当，也可以引起一些疾病，这是必须引起重视的。

有时候，你在运动时过于紧张激烈或突然改变体位，或者长时间剧烈运动，都可能引起昏厥，主要症状是两眼发黑、呼吸困难、意识障碍等；运动过量或运动要领掌握不好，还可以引起头晕，会让你头晕目眩，还可能恶心呕吐，全身发软；剧烈运动之后还有可能引起哮喘；如果空腹运动，且运动量过大，准备活动又不足，还可以引起腹痛。

许多男孩子喜欢一些篮球、足球之类的激烈运动，这类运动危险系数比较大，稍不小心就会使身体受伤。所以，青春期男孩子运动需要在进食之后进行，做好准备工作，掌握运动要领,另外运动时间不宜过长。只有进行适当的运动才可以铸就你的好身体,强健你的体魄。

青春期常见病如何预防

青春期男孩子的困惑:在青春期,我需要预防哪些疾病?

上了高中,班里的"眼镜"越来越多,同学们都陆续戴上了眼镜,原来,在学习任务逐渐增加的压力下,同学们都近视了。令楠楠感到幸运的是,自己还没有光荣地加入到"眼镜"行列。不过,防患于未然,看来自己得好好保护眼睛了,否则近视了就不好了。虽然那些戴着眼镜的男生看上去挺斯文的,但就这样无故地给眼睛外来加一个屏障,肯定会不习惯且影响美感。楠楠可是坚决拒绝眼镜的,不过,爸爸有言在先:"你要不想戴眼镜也行,但你得保护好眼睛,晚上睡觉前不要躺在床上看书,看电视时不要太近。"爸爸那一句句嘱咐,楠楠可都是听在耳里,记在心里。

班里正在筹备举办一个"健康青春期"的活动,希望能够借此机会向同学们宣传一下青春期的常见病例。楠楠也是活动策划人之一,他经过查阅大量资料,顿时觉得很震惊,他感叹道:"原来,近视也是青春期的常见病之一!"坐在旁边的小柯回答说："是啊，我也是刚看了资料才知道，我已经近视了。这个活动应该早点儿举办，我若是早知道近视也是病，那我就及时预防，说不定就不会严重了。""早知今日，何必当初啊。"楠楠打趣说，他知道小柯的近视是由于长时间用电脑而造成的。小柯笑了，说道："你就别笑我了，咱们还是好好查资料，把这个活动做好，让同学们免受青春期常见病的困扰。""好的。"楠楠一口答应下来。

在楠楠和小柯他们的积极筹备下，"健康青春期"活动办得很成功。通过这次活动，同学们知道了在青春期除了近视这样的常见病之外，还有脑炎、青春期高血压等等这样一些疾病。在活动中，楠楠等人向大家介绍了如何预防这些青春期常见病的方法，下面的同学听得聚精会神，大家都称赞："这次活动能够圆满成功，张楠和小柯这些策划人可谓功不可没。"

爸妈送给楠楠的话

在学校里，你或许发现戴眼镜的同学逐渐多起来。在学习的压力下，再加上孩子对自己的眼睛保护不够，渐渐地，眼睛看东西开始变得模糊，甚至有时候连黑板上的字都看不清楚了，我们称这样的现象为近视，它是青春期常见病之一。孩子，你正处于青春期，身体正在发育，很多时候，在生活或饮食上，稍有不慎你就会产生一些常见的疾病。对于男孩子来说，在青春期主要有脑炎、近视、尿路感染、青春期高血压等疾病。爸妈现在需要告诉你的是，该如何预防和治疗这样一些青春期常见的疾病。

你需要了解的知识点

青春期是一个从童年到成年的过渡时期，这一时期不仅身高和体重迅速增长，而且更多的是身体内部发生的变化。当然，在这一时期由于你们身体机能尚不健全，无可避免地，一些病菌会趁机而入，造成一系列青春期易患病症。实际上，青春期常见病不下60种，诸如龋齿、脑炎、近视、沙眼、贫血、蛔虫、营养不良等。这些都是青春期应该重点预防的疾病。

1. 什么是近视

近视也就是以视近物清楚、视远物模糊为主要表现的眼病。近视多发生在青春期，遗传因素有一定影响，但其发生和发展与灯光照明不足、阅读姿势不当、近距离工作较久等有密切关系。大部分近视眼发生在青春期的孩子身上，在发育生长阶段度数逐年加深，到发育成熟以后即不发展或发展缓慢。

虽然遗传对近视也有一定的影响，但大部分近视病例都是来自青春期男孩用眼不当：近距离地看书或看电视，用眼时间过长，照明光线过强或过弱，在汽车上或走路的时候也看书，躺在床上看书，睡眠不足，写字姿势不对等。

2. 如何预防近视

培养正确的读书、写字姿势，不要趴在桌子上或扭着身体读写；看书写字时间不能太长，持续一个小时左右就需要短时间的休息；认真做好眼保健操；多进行一些户外运动，如放风筝、打羽毛球。

另外，在饮食上还需要注意多吃些含维生素A较丰富的食物，如各种蔬菜及动物的肝脏、蛋黄等；还应该多吃含锌和铬较多的食物，如大豆、杏仁、紫菜、海带、羊肉、黄鱼、奶类、茶叶、肉类、牛肉、动物肝脏等；另外还需要积极矫治并防止其深度发展，如果你的眼睛已经近视了，要到医院去验光，佩戴度数适当的眼镜。

3. 尿路感染和青春期高血压

青春期男孩子需要注意自己的私密处的清洁卫生，否则还会导致尿路感染、生殖器感染病菌。

另外，需要及时预防青春期高血压：了解自己的血压情况，以便及时发现，进一步确诊，并查明原因、及时治疗；在平时的生活中，注意劳逸结合，避免过度疲劳；保持情绪稳定，以免因为情绪波动而引起血压波动；适当锻炼身体，多做一些有益于心脏健康的锻炼，如游泳、跑步等；不吸烟、不酗酒，坚持良好的行为习惯。

作息规律,挑灯夜战不可取

青春期男孩子的困惑:周末可以玩个通宵吗?

有一段时间,楠楠迷上了新拍的《三国演义》,还真是越看越精彩。爸爸见楠楠这么喜欢,就干脆买回一套碟,可以让他一次看个够,但爸爸的要求是看碟最好在周末,平时上学的时候,晚上只允许看三集。虽然楠楠对爸爸的安排不是很满意,但还是只能按照爸爸说的去做,自己总不能在上学的时候通宵看碟吧。于是,楠楠把对这个电视剧的全部希望都投入到了周末,希望周末能看个通宵。

到了周末,楠楠早早就把作业写完了。他选择了周六晚上看碟,他一个人坐在沙发上看电视,看到兴奋处还笑出声来。爸爸知道楠楠喜欢看这个电视剧,但还是嘱咐早点儿睡,明天再看。楠楠当即答应,可等爸妈进了卧室,他就偷偷地把电视打开,放低声音,一个人看得不亦乐乎。快到12点的时候,楠楠觉得有点儿困,他去冰箱拿了罐可乐,喝了继续看,精神也慢慢地好了起来。就这样,楠楠看到早上六点钟,终于支撑不住,倒在了沙发上。第二天爸妈起来,看楠楠倒在沙发上睡觉,就什么都明白了。爸爸忍不住说:"这孩子!还真是偷偷地看了一个通宵,我倒要看看他周一怎么有精神去上学。"睡得迷迷糊糊的楠楠听到了爸爸的话,心里觉得纳闷,看了一通

第7章 创造健康，好男儿要身体健美

宵电视，怎么会影响到周一上课呢？

没想到爸爸的话还真是应验了！楠楠睡到中午就醒了，又接着看电视。结果周日晚上睡得太死，第二天早上，睡眼惺忪的楠楠在妈妈催促了好几次后才起床。起来之后也是哈欠连天，爸爸看着他，说道："你看吧，一个通宵熬过来，还会影响到你第三天的精神状态，大清早的就犯困，还要上课呢，爸爸告诉你，这就是通宵后遗症。以后啊，无论是干什么，少熬夜，保证正常的休息时间，这样第二天才有精神。"听了爸爸的话，楠楠虽然嘴上没吱声，但心里不得不承认是爸爸说对了。

爸妈送给楠楠的话

男孩子比较喜欢玩，而且常常是玩起来没有时间节制，看电视常常是看到深夜，玩游戏也是玩通宵，全然不顾自己的正常作息时间。但是，青春期一方面是身体正处于成长的关键时期，另一方面也是你学习的黄金时期。因此，一个健康有规律的作息计划对你们来说必不可少。虽然爸妈常跟你说"学要学得踏实，玩要玩得愉快"，但是玩的时候并不是毫无节制地玩，尤其是晚上不要玩到很晚，否则只能令你第二天精神很差。这样的情况不仅影响你的正常休息，影响你第二天的学习，而且会影响到你的身体健康。对此，爸妈建议你：一定保持健康的作息规律，不要熬夜。

🔊 **你需要了解的知识点**

规律、健康的作息习惯可以让你的身体得到充分的休息，补充精力，使你在学习时呈现出最佳的精神状态，这对于你的学习质量和学习效率都很有帮助。所以，青春期的男孩子千万不要因为贪玩而混乱了自己的作息时间，在这一时期养成规律、健康的作息习惯，会对你一生都有益处。

1. 健康、有规律的作息时间表

在这里，爸妈为你制作了一张健康、有规律的作息时间表，希望能对你的作息时间有参考的作用：

早上六点半起床，喝一杯水，补充晚上的缺水状态；七点至七点半，可以用半个小时的时间学习功课或思考一些学习上的问题；七点半至八点半，早餐及去学校时间，早饭必须吃，因为它可以帮助你维持血糖水平的稳定；然后步行上学，每天走路的人，比那些久坐不运动的人患感冒的概率低25%；在上午正式上课时间，再喝一杯水，课间注意休息，出去呼吸一下新鲜空气，不要长时间坐在教室里；午餐时间，饮食可以丰富点儿，可以多吃点儿。

午餐之后适当休息，这时候大脑需要休息；下午进行正常课堂学习；放学之后可以进行适当的运动，锻炼身体；晚餐不要吃太多，否则会引起血糖升高，并增加消化系统的负担，影响睡眠；晚饭后可以看会儿电视，有助于睡眠，但要注意尽量不躺在床上看电视，否则会影响睡眠质量及引起近视；睡觉前，洗个热水澡，有助于放松和睡眠；十一点之前，必须上床睡觉，因为充足的睡眠是保证健康的基本条件。

2. 熬夜的坏处

有的男孩子通宵达旦地玩乐，白天却在课堂上呼呼大睡，这样一个黑白颠倒的作息时间是极不利于健康的。一方面会影响到你的学习，学习效率下降，成绩直线下滑；另外还可能引发一些疾病，如长时间看电视、作息不规律造成的睡眠不足及过度疲劳所诱发的癫痫病等。

很多男孩子在节假日就生活无规律，熬夜、通宵上网，这样对身体危害极大。孩子，你应该培养健康、有规律的作息计划，不要长时间看电视、玩电脑，避免诱发各种疾病。同时增强自控能力，控制玩耍时间，充分休息，保证足够的睡眠。

第8章 主动沟通，构建轻松融洽的师生和亲子关系

在青春期这一时期，由于你生理和身体上的变化，往往会导致青春期叛逆。在这一成长阶段，你总认为自己已经长大了，在对待某些问题上会与家长或老师发生分歧，甚至产生矛盾。因此，作为青春期男孩子，应该想办法消除代沟，学会与长辈与老师沟通。

烦人的"唠叨"，让人窒息

青春期男孩子的困惑：怎么应对妈妈的唠叨？

一直以来，楠楠觉得妈妈十分唠叨，本来一件很简单的事情，她却总是重复上百遍，好像担心自己记不住似的。早上的时候，楠楠还在被窝里，妈妈就开始"碎碎念"了："楠楠，起床了？你看隔壁的小孩都上学去了，你这个中学生还在床上赖着。这么大个人了，怎么还这么懒啊？每次起床都要妈妈叫你。你看你，房间里这样乱，怎么住人嘛，一点也不懂得收拾房间……"楠楠整个人缩在被子里，用手捂住耳朵，大声说道："妈妈，你先出去吧，我要穿衣服了。""穿衣服还要妈妈出去，你是妈妈生的，你身上哪个地方没被妈妈看过？"妈

妈又开始了，楠楠不说话了，等着妈妈出去了再起床。

楠楠上卫生间的时候，妈妈说道："上厕所记得掀马桶盖，这是基本常识，你怎么每次都忘记？""OK！我这次记住了，你别说了。"楠楠只好举手投降。妈妈看到楠楠乱糟糟的头发，又开始说："看你的头发，整理一下嘛，这样子难看死了。"楠楠没办法了，无论自己说什么、做什么，却总是没有办法"关"上妈妈那张嘴。这时，他突然想起了爸爸曾经说过的一句话："女人啊，最了不起的就是那张嘴。"唉！看来的确是如此啊。

吃了一个面包，喝了几口牛奶，楠楠就打算起身背着书包上学了，妈妈唠叨说："牛奶怎么才喝了几口？赶快把它喝完，这可是妈妈专门给你买来补身体的，再说了，喝了几口就不喝了，真浪费！"爸爸示意楠楠赶快喝了，省得妈妈继续说下去，无奈之下，楠楠只好喝完了牛奶，这才得以脱身。

没想到，临出门之前，妈妈又来了："路上注意安全啊，一定要看红绿灯过马路，我知道你这个人，平时没什么车就胡乱闯马路，要是突然杀出一辆车怎么办？晚上放学了早点儿回来，别跟朋友一起出去玩，最近治安不太好，你还是给我安安静静待在家里吧。"这真要命！看来，下学期自己得申请住校了，否则这样一直听妈妈的唠叨，总有一天耳朵会长茧，楠楠心想。

💬 **爸妈送给楠楠的话**

爸妈什么时候能不唠叨，几乎是所有孩子的心声。随着你们不断长大，总会做错一些事情，而爸妈为了纠正你们，监督你们不要误入歧途，所以一般都会唠叨几句。不过在你们看来，可能最怕的就是爸妈的唠叨了。有可能你们认为，爸妈最喜欢的就是唠叨，一唠叨就是几个小时：作业没写完——唠叨；考试没考好——唠叨；没收拾房间——唠叨。总之，你哪里没做好，就会听见爸妈的唠叨，甚至就连早饭少吃点儿，爸妈也会唠叨。我们可以想象，当爸妈在唠叨的时候，你真想找个地缝钻进去，你甚至会想：要是爸妈不唠叨该有多好。

还有的孩子对于爸妈的唠叨，就当是耳边风，左耳进右耳出，我们怎么说都没用，结果你们一点儿都没听进去。爸妈唠叨是为你们好，有时候你们的确错了，爸妈才会唠叨你们，虽然这样的方式让你们反感，但爸妈的心确实在担心你们。只要爸妈开始唠叨你们的时候，你就应该自我检讨是否出现了什么问题。有的时候，爸妈会让你多穿点儿衣服，结果你没多穿，晚上放学回来感觉降温了，这时就知道爸妈为什么让你多穿衣服。你要明白，父母总是对你好的。

🔊 **你需要了解的知识点**

青春期的男孩子最讨厌啰唆唠叨，你们不爱听重复的话，就像你们不喜欢看反复放映的同一部电影，不爱吃没有变化的菜一样。但通过爸妈的观察，不可否认现实生活中确实有一些孩子是"马大哈"，常常丢三落四，当面答应得好好的事情，一转身就忘得一干二净。还有的孩子则是我行我素，爸妈说他们的，他做自己的。有时候明明是爸妈的意见正确，但孩子就是不理不睬，或者就当耳边风，听不进去，这也就难怪父母会唠叨、啰唆。因此，孩子，再听到爸妈唠叨的时候，需要认真倾听，因为那就是爸妈的心声。

1. 仔细辨明爸妈唠叨中的真意

孩子，你可以想想你们的老师，每当讲到知识的难点或重点的时候，是不是也会习惯性地重复一次。那么，爸妈唠叨重复的也正是你们生活中的"重点"和"难点"。比如，爸妈会提醒你好好学习，不要"早恋"；提醒你不要交品德不好的朋友；提醒你放学后不要在外面逗留太久，以防止出现意外；提醒你尊敬师长，团结同学；等等。这些唠叨对你们的生活学习、做人做事都有很大的好处。或许，当你已经厌烦了爸妈的唠叨之后，也丢掉了爸妈话语中的精华部分。

2. 与爸妈多沟通，"堵住"爸妈唠叨的嘴巴

当然，要想堵住爸妈那唠叨的嘴巴，最好的办法还是与爸妈多沟通。爸妈说得对的时候，就表示赞成照办；若是说得不对，就与爸妈商量甚至批评指正，让爸妈也明白，不正确的意

见重复一百次，孩子也不会听信，更不会照办。

不过，一些爸妈有特别爱唠叨的习惯，即使你表现不错，但他们总是要再三叮嘱、重复。在这时候，你需要考虑，爸妈对你其他方面是不是不满意？或者平时你与爸妈沟通太少，以至于他们对你一些事情仍然不放心。这样的话，试着与爸妈多沟通，聊你对一些问题的看法，聊你对唠叨、啰唆的不满，或许这样爸妈就会察觉到自己的毛病。如果爸妈仍然控制不住自己的嘴巴，当他们下次再说的时候，你就把他们下面想要说的话重复一遍，他们就会明白，他们之前说过的话，你已经听进去了。

我与父母有代沟，如何沟通

青春期男孩子的困惑：如何跨越代沟？

十一假期到了，楠楠把作业写完就陷入了无聊之中，整天在电脑上与远在上海的堂哥聊天，昨天晚上，堂哥盛意邀请楠楠去他那里玩。楠楠兴奋之下把这个消息告诉了妈妈，妈妈以为楠楠是闹着玩的，就笑了笑："去什么，去了给你堂哥添麻烦。"楠楠却执意说："我真的想去，在家里待着好无聊，再说我也这么大了，可以一个人出去走走，看一看这个世界，你不是常跟我说'要行万里路'吗？"妈妈解释说："你这么多个假期都过来了,怎么没有听见你说无聊,现在不能去,你年纪还小,妈妈怕你上当受骗,等你长大了,爱去哪里就去哪里。"楠楠看着妈妈坚决的表情,心里充满了失望:"长大了,总是说长大了,可我现在已经长大了嘛。"妈妈把东西拿着出去了,根本没有理睬他。

晚上,全家人一起吃饭,楠楠鼓足了勇气,再次向爸妈说道:"堂哥让我去上海玩,我想去,你们觉得怎么样?"爸爸看了看楠楠:"你堂哥什么时候跟你说的?"楠楠觉得从爸爸那里有说服的机会,他有点儿兴奋:"昨天晚上,爸爸,你答应我去不?帮我说服妈妈。"妈妈脸色很不好看:"我是不许你去的,这个假期你哪里也不许去。"爸爸温和地说:"你堂哥今天给我打电话说了这事情了,他说让你出趟远门,锻炼锻炼。"

听了爸爸的话,楠楠心里又燃起了希望,可他不知道该怎么说服妈妈。爸爸在一边眨眼说:"其实你妈妈不让你去,也是担心你,并不是管着你。"楠楠明白了,将心比心,肯定能说服妈妈,他说:"妈妈,我年纪也不小了,该懂的我都懂,出去锻炼一下再好不过了。妈,你就让我去吧。我手机二十四小时开着,你想我了,就打电话给我,我有什么事情也会打给你们的。堂哥说他在火车站接我,你们把我送上火车就可以了。"妈妈没有吱声,楠楠又说道:"我知道你很担心我,可是我已经不是小孩子了,我已经长大了,上次你的脚扭伤了,我还照顾你呢。"

爸爸适时说道:"你也知道楠楠,挺聪明的孩子,一定不会轻易上当受骗的,他堂哥也再三保证好好照顾他,就让他去吧,就当一次成长的机会。""是啊,经过这次我就完全是男子汉了。"楠楠再次附和道,妈妈叹了口气道:"真说不过你们俩,去是可以,但千万要注意安全,否则下次就没有这么好的机会了。"楠楠跳起来,忍不住抱了妈妈一下。

爸妈送给楠楠的话

爸妈与孩子之间的代沟,其实就是:爸妈总把已经逐渐长大的孩子当作"小孩子",而孩子则会一再强调自己不是小孩子了,已经长大了。针对这个中心问题,延伸出爸妈与孩子之间存在的许多矛盾。小时候,你什么都听爸妈的,做任何事情都与爸妈商量,但是随着你年龄的增长,你开始变得叛逆起来,说话做事总是与爸妈对着干,不知不觉间与爸妈之间有了一条难以逾越的鸿沟。爸妈会埋怨,孩子越大越不听话,而你则总会觉得爸妈什么事情都管着自己,限制了自己的自由。在这样的情况下,如果不及时改善与爸妈之间的关系,将会影响今后你们之间关系的健康发展。

你需要了解的知识点

孩子慢慢长大了,在价值观和对事物的认识上总是与爸妈存在着不一样的看法,爸妈认为很珍贵的东西,你却常常不屑一顾;而你认为很重要的东西,爸妈却不是很在意。其实,所有的爸妈都是一样的,他们都希望把最好的东西留给自己的孩子,但有时候作为孩子的你们却不认为那就是最好的,这就是你与爸妈之间的价值观冲突,也是代沟产生的原因之一。

1. 你与爸妈之间代沟产生的原因

你们正处于青春期,生理上的成长本能地赋予你心理上的反抗,而这样的反抗本能地促使你渴望独立和成熟,促使你与爸妈之间的分离。但是在爸妈这方面,面对着你们的成长,我们却难以转换角色,我们总是站在你的立场上思考问题,以你未来的前途问题来要求你的一言一行。不过,你千万要记住,爸妈做任何事情都是为了你好,你应该学会体谅爸妈的苦心。

2. 如何与爸妈沟通

孩子,你要学会理解爸妈,在你与爸妈之间架起理解的桥梁。当然,沟通需要双方做出努力,你要主动亲近爸妈,努力跨越鸿沟,与爸妈携手同行;遇到事情,学会和爸妈商量,商量是沟通的一个过程,可以有效地减少彼此之间的冲突;彼此了解是沟通的前提,尊重、理解是最关键的,你可以进行换位思考,尝试理解爸妈的苦心。

当然,与爸妈沟通也是需要讲究艺术的,你不妨多赞赏爸妈,让爸妈在欣喜之下接受你的意见;当爸妈跟你说话的时候,要学会认真聆听,这样可以减少我们内心的愤怒情绪;有时候,你也可以帮助爸妈,做一个小小男子汉;在与爸妈的交往过程中,不需要太计较,要学会宽容。

为什么讨厌某位老师

青春期男孩子的困惑:为什么总是讨厌某位老师?

一直以来,楠楠对班里的英语老师就不怎么感冒,具体原因他自己也说不上来。新学期开始,原来的英语老师调走了,新来的英语老师是一个四十岁左右的中年男人,穿着很邋遢,更让楠楠受不了的是他那一口不太纯正的普通话,夹杂着方言口音,听起来别提有多奇怪了。楠楠眼里满是不屑,继续看自己的小说。

上第一节课,楠楠只听老师讲了半节课就听不进去了。他悄悄地从抽屉里拿出自己喜欢的武侠小说,故意把英语书竖立在课桌上,再将武侠小说夹在里面,专心地看起了小说,根本不理睬那在讲台上滔滔不绝的英语老师。正在楠楠看得津津有味的时候,他没发现英语老师不知道什么时候站在了自己的身后,老师直接伸手取走了楠楠的小说,很严肃地说:"我希望你在我的课上不要看其他的书籍,否则一律没收,这位同学,你的这本小说先寄存在我这里,你随时可以来取,但你最好是找一个合适的理由,否则我是不会还给你的。"楠楠一阵懊悔,那可是自己向同学借来的小说,他心里觉得很气愤,就更加讨厌这位新来的英语老师了。

以后,每到英语课,楠楠就心里不舒服,这样一种讨厌老师的心理让他觉得心里很烦躁,课也听不进去。上课的时候,老师提问,他从来不举手,即便是老师点名让他起来回答问题,他也就一句"我不知道"搪塞过去。对老师布置的作业,他从来都是马虎应付,字迹潦草,答案也是乱写,结果经常被英语老师当堂批评。但英语老师的批评并没有让楠楠自我反省,而是愈发激起了他的逆反心理:我就偏不喜欢上英语课,看你拿我怎么办。

这天,楠楠正对着自己的测验试卷发愣,没想到英语考了一个史上最低的分数,怎么办呢?这时,英语课代表走过来了,他说:"楠楠,英语老师找你,他在办公室呢。"楠楠一路上都在想英语老师怎么责骂自己,但是没想到到了办公室,英语老师一改严肃的面孔,而是笑着说:"怎么样?小伙子,跟我处处作对,最后吃苦头的是你自己吧。我了解过你的英语成绩,虽然不怎么样,但还不至于很差,只要你能专心听课,认真完成我布置的作业,我向你保证,你的英语成绩会提升的。"这,这是真的吗?楠楠看着这位自己很讨厌的老师,突然之间，他讨厌不起来了。

> 💬 **爸妈送给楠楠的话**

有时候你会想，为什么我总是那么轻易地讨厌某位老师呢？其实，处于青春期的你们认知上有很大的不足，你们往往会因为一个很小的原因就讨厌某位老师，以至于到最后老师都搞不清楚，自己到底是哪里招惹了你们。楠楠不喜欢英语老师，主要在于自己的英语成绩不怎么样，对英语的一种惧怕和厌恶心理，在不知不觉之间就转移到了英语老师身上，于是每到英语课的时候，心里就会产生一种抵触情绪，到最后，自己的英语成绩越来越差。还有的孩子，仅仅因为老师的装扮、说话口气、长相而讨厌对方，这样的认知和判断方式是错误的，因为评价一个老师的标准在于其教学水平，至于其他的方面，那都是主观的原因。孩子，爸妈要告诉你，不要那么盲目、轻易地评价一个人，特别是教导你们的老师，老师是值得尊敬的，因为他们教给你们知识、教你们成长，所以千万不要因为一点点小事就厌恶老师，否则到最后吃苦头的是你自己。

> 🔊 **你需要了解的知识点**

几乎每个孩子在学生时代都会有自己喜欢的老师或不喜欢的老师，当面对自己喜欢的老师，上课就特别愿意听，这似乎就是爱屋及乌的道理；而面对不喜欢的老师，则因为讨厌他这个人而讨厌他的课。虽然这样的现象是情理所在，但是当你仅仅因为不喜欢老师，就造成自己的成绩下降，荒废了学业，这值得吗？

1. 克制自己青春期的叛逆行为

青春期是一个叛逆的时期，可能你会因为某方面的原因而不喜欢老师，甚至专门与老师作对。这就是心理叛逆的一种表现，尤其在男孩子身上表现突出。当你因为上课不认真听讲，被老师训斥了一顿时，就会因为失去了面子而憎恨老师，进而想报复老师，于是做出一些不理智的行为。

青春期的叛逆是比较正常的，关键需要你克制自己的这种心理，因为这是一个成长的关键时期，稍有不慎你就会误入歧途，人生也将是另外一番模样了。孩子，不要给自己制造错误的机会，千万不要把老师的批评当成讨厌老师的理由，如果你真的有错在先，那么老师的批评是合情合理的，你所需要的是做好一个学生的本分。

2. 即使不喜欢某位老师，也要专心听课

爸爸的初中时代，也因为不喜欢当时的语文老师，结果整个初中语文都不及格，到了高中，这样的情况愈演愈烈。即便我想补回那些失掉的语文课也于事无补，最终，高考因为语文成绩的失利与我理想中的大学失之交臂，只能上一个普通的大学。试想，如果当初我能够及时地认识到自己思想上的错误，即便不喜欢语文老师,也要把语文学好,那么现在我就不会存在对大学的遗憾了。

当然,我的往事已经过去了,不能弥补了,但是爸妈希望你能够吸取教训,与老师赌气本身就是一件十分不理智的事情。无论你不喜欢老师的哪一方面,但他毕竟是教给你知识的人,他也是你成长道路上的一位帮助者,所以需要你克制自己的情感、尊重老师、认真上课、好好学习,这或许也是改变你与老师之间关系的一个方法。

亦师亦友,和老师成为朋友

青春期男孩子的困惑:我也能成为老师的朋友吗?

楠楠记得英语老师在自我介绍的时候,曾说:"我私底下其实是一个很有趣的人,我喜欢能与在座的孩子们成为无话不谈的朋友,我也欢迎同学们到我家里来做客,在课堂上你们可以称呼我为王老师,下课之后你们可以直接叫我老王。"当时楠楠还想,就你这样邋遢的老头子,还想跟我们成为朋友,而且就算成为了你的朋友,那你也是挨批评的对象。现在回想起来,楠楠却觉得这位看上去邋遢的老师,说话好像还挺有趣的。不过,一切归功于英语老师"大方"地将那本小说还给了自己。

　　既然老师都已经把书还给了自己，那自己还能做什么呢？在以后的英语课上，楠楠都会认真听讲，仔细听来，这位老王的课挺风趣的，也难怪班里的同学都喜欢他。每次英语老师布置的作业，楠楠也认真完成；上课老师提问，楠楠也会高举着自己的双手，王老师似乎早已经忘记了之前的不愉快，点名楠楠起来回答问题。针对楠楠给出的答案，老师还会一一分析，对于说得好的给予表扬，对于说得不到位的，他则会委婉地提出来。平日里，同学们议论英语老师的时候，楠楠也会说句好话："我觉得英语老师上课挺有趣的。"同学们则会一脸惊讶："楠楠，你转性了？你不是一直都不怎么喜欢英语老师吗，怎么现在也开始喜欢上他了。"楠楠只是笑了笑，没说话。

　　一个月之后，英语测验中，楠楠竟然破天荒地考了85分，这不禁让同学们感到惊奇，就连班主任也觉得不可思议，要知道，在这之前楠楠的英语成绩都一直徘徊在60分左右。快放假了，英语老师通知楠楠去办公室一趟，楠楠心里忐忑不安，他不知道英语老师有什么事情。他来到办公室，看见英语老师正在整理资料，他怯怯地叫了一声："王老师，您找我？"英语老师点点头，示意楠楠坐下来。这时，英语老师递过来一支崭新的钢笔，笑着说："这是给你成绩进步的礼物，另外再告诉你一个好消息，我家里收藏了许多经典的武侠小说，我跟你一样，其实也是一个武侠迷。假期如果你有空，可以到我家来借阅，随时欢迎。不过，下次可千万不要在课堂上看小说。"楠楠点点头，调皮地回答说："嗯，下不为例。"说完，两人相视而笑。

爸妈送给楠楠的话

孩子，有可能你总觉得老师是一个高高在上、难以亲近的人物，因为他们总是板着脸，一副严肃的样子，不苟言笑。其实很多时候，你只是把老师当成了教育者，而没有把老师视为朋友。爸妈告诉你，老师也只不过是一个普通的人，在他们那张严肃的面孔下，有着一颗同样友善的心。所以在平时的学习生活中，只要你与老师多作沟通，说不定你还真能成为老师的朋友。

你需要了解的知识点

不知道你忘记没？以前，爸妈总会带着你去拜访一些老人，其实，那都是爸妈以前的老师。在学生时代，老师给予我们谆谆教诲，当时我们怀着对老师的无限感激，经常向老师请教问题，闲暇之余还与老师一起看电影、看小说；后来，我们长大了，毕业了，也不时给老师打电话、发发电邮，畅谈我们工作的烦恼。就这样，一直到现在我们与老师还保持着联系，而我们之间也成为了无话不说的朋友。

1. 与师者同行，你将受益终生

孩子，固然同龄的朋友会跟你多一些共同语言，但却无法为你的人生道路出谋划策。但老师就不同了，他们经历了无数的岁月，对社会有了很深的认识，对人生也有了许多总结，他们终究是过来人。在人生的道路上，如果有一位老师作为自己的朋友，时刻支持着你，给你生活的信心，当你在人生路途中遇到了挫折，他们就会给你莫大的帮助；当你在人生的十字路口徘徊，他们会给你中肯的建议；当你获得了成功，他们会由衷地感到欣慰和自豪。与老师成为忘年之交，你将受益一生，因为在某种程度上，老师会成为你人生当中的引路人。

2. 与老师多沟通，你也可以成为老师的朋友

在课堂之上，老师是传授知识的师者；在课堂下，老师则是一个再普通不过的人，他跟我们一样有喜怒哀乐，跟我们一样有兴趣爱好。就像楠楠的英语老师，在平时看上去是一个多么严肃的人，但他也是一个武侠小说迷。很多时候，你之所以觉得自己与老师存在着很大的距离感，那是你们之间缺乏沟通。因此在平时的学习过程中，主动与老师接触，有什么不懂的问题向老师请教，多找机会与老师接触，你会发现，你也可以成为老师的好朋友。

第9章 积极交往，如何做一个受人欢迎的少年

随着年龄的增长，孩子们的交际范围开始慢慢扩大，因此在这一时期，你们要学会如何与人交往。可能由于你们的羞涩，也可能是对人际交往的恐惧，使得许多青春期男孩子在与他人交往中，迈不开脚步，整个人局促不安，最后导致交际失败。其实，作为青春期男孩子，应该交往有礼，建立快乐和谐的人际关系。

"礼"多人不怪，有礼的少年更得人喜欢

青春期男孩子的困惑：有必要跟每个人打招呼吗？

从小，爸妈就教导楠楠要懂礼貌，平时见到人都要好好打招呼，而且应冠以好的称呼，诸如叔叔、阿姨、爷爷、奶奶。那时候楠楠特别乖，家里来了客人，爸妈介绍的时候，他总会亲热地叫上一声"叔叔，您好""阿姨，您好"，然后主动端茶递水，有时候还会拿着爸爸的香烟，向在座的叔叔敬烟。不过，楠楠好像是越长大越无"礼"，似乎完全省去了应有的礼节。

步入青春期的楠楠虽然个头很高，但却愈见羞涩了。家里

偶尔来了客人，楠楠总是一声不响地进自己的小房间，一个人看电视，或者摆弄自己的玩具。如果爸妈要求楠楠见见客人，他总是推辞："那是你们的朋友，我有什么好见的。"就连最起码的称呼，楠楠也省略了。对此，爸妈总是叹气："这孩子，真是越大越不懂礼貌。"

那天，楠楠与爸爸一起等车，正好姚雪和她妈妈也在等车，楠楠虽然早就看见了，但他装作没看见，也不打声招呼。爸爸偶尔一抬头看见了她们，热情地打了招呼："姚雪，和你妈妈也在等车啊。"姚雪点点头："是啊，张叔叔，早上好！"姚雪妈妈也打招呼："老张，好久不见了，你也陪着儿子等车呢？之前就听雪儿说她跟楠楠一个学校、同一年级，我最近工作忙，也没顾得上来拜访你们。"原来，姚雪的妈妈以前是爸爸的同事，两家关系颇有些渊源。爸爸用胳膊肘碰了碰低着头看马路的楠楠，低声说道："你在干嘛呢？你同学在那边呢，也不上前打个招呼？"可无论爸爸怎么说，楠楠还是不开腔。

晚上吃饭的时候，爸爸说话了："张楠，我发现你越长大越羞涩啊，堂堂一个大老爷们儿，怎么害羞得像一个小姑娘？"楠楠不服气地说："我什么时候像一个小姑娘了？"爸爸脸色变得严肃起来："你啊，这么大个人了，见到人也不打声招呼，一点也不懂礼貌，还不如小时候。""难道每见到一个人都要打招呼吗？"楠楠反问道。在一边的妈妈说话了："那当然了，那是礼节，如果你见到别人，不主动打招呼，别人就会评价'这是一个不懂礼貌的孩子'。所以啊，在交际活动中，你更要以礼服人了。"以礼服人？楠楠陷入了沉思。

💬 爸妈送给楠楠的话

虽然你从小就被教导着懂礼貌，尊敬师长，但长大之后，可能是羞涩的原因，自己的言行却渐渐偏离了这个轨道。不仅如此，有的孩子情况变得更糟糕，他们学会了满口脏话，在学校见到了老师，也是绕道而行，只为了不跟老师打招呼。这时候，你已经不是当初那个懂礼貌的孩子了，而成为了一个无礼的少年。爸妈记得你小时候是一个懂礼貌的孩子，见到人就会称呼"叔叔、阿姨、爷爷、奶奶"，很讨人喜欢，但现在的你怎么变成了一个不懂礼貌的孩子呢？不要觉得自己长大了就不用跟人打招呼了，不要以为"懂礼貌"只是孩子的行为准则，它一样适用于成人以及你们。

现在的你们长大了，开始慢慢地融入了日常的交际生活，有时候甚至是你一个人参加某种社交活动，爸妈不会在身边陪着你了。在这样的情况下，作为一个青春期的男孩子，更应该把"礼"字当头，待人接物彬彬有礼，以此博得大家的好感。

第9章 积极交往，如何做一个受人欢迎的少年

🔊 你需要了解的知识点

中国自古至今，人们都认为懂礼仪是一个人最基本的素质之一。所以在很多时候，人们判断一个人是否值得信任，是否有锦绣的前程，往往依据他言行中表现出来的礼仪。

1. 老师、同学更喜欢懂礼貌的孩子

孩子，虽然你们从小就接受了文明礼仪的教育，甚至你们还可以滔滔不绝地大谈文明礼仪，但遗憾的是，在实际生活中却经常做出一些不文明不礼貌的行为。在生活中，有的孩子面对老师满脸羞涩，也不主动开口打招呼；有的孩子听老师讲话，东张西望，不屑一顾；有的孩子出口就是污言秽语。爸妈看到这样不懂礼貌的孩子实在很痛心，因为一个人是否知礼仪，就可以看出他是否有良好的修养。我们希望你能够成为一个有礼貌、有修养的孩子，获得老师和同学们的喜欢。

2. "彬彬有礼"是你进入成年社会的最佳名片

在日常交际中，每个人都希望受到大家的喜欢，获得他人的好感。实际上，当你还在冥想怎么去做才会受到大家喜欢的时候，你却忽视了最基本的东西，那就是有礼貌。它不仅仅会成为你现在受欢迎的有力帮手，还会不断地为你的人际关系提供帮助，即使你在成年之后，也一样会感觉到礼仪的重要性，因为"彬彬有礼"是你进入成年社会的最佳名片。

孩子，虽然你在不断地接受文明礼貌的教育，但却一直吝于付诸实际行动。那么，就从现在开始吧，从自己的言行上下功夫，告别不文明的行为，做一个懂礼貌的好孩子。

3. 青春期男孩子应该成为"彬彬有礼"的少年

那么，如果你想成为一个彬彬有礼的少年，该如何去做呢？首先就是需要培养出自己美好高尚的心灵。文明礼貌虽然是外在的行为，但却是内在思想和情感的自然表露，真正有礼貌的人，是因为拥有了良好的修养，而美好的语言来自美好的心灵。另外，在实际生活中还需要规范自己的言行举止：谦虚礼让、谈吐文明、举止端庄、讲究卫生。只要你能把自己的礼仪融入到生活中，你就会成为有礼貌、有修养的男孩子。

走出去，多参加有意义的社交活动

青春期男孩子的困惑：参加活动可以提高自己的人际交往能力吗？

这天，楠楠一回到家，妈妈就问："你们学校要举办化妆舞会？"楠楠一边将书放下，一边回答说："你怎么知道？妈妈，我发现你的消息还真是灵通啊，我在学校的事情，你基本上都知道。"妈妈没好气地说："你可别把妈妈想成什么整天监视你啊,打听你的消息啊,你同学小柯刚打电话来,他问你在不在,就聊了那么一两句。听小柯说,你没打算参加化妆舞会?"楠楠头也不抬:"嗯,化妆舞会有什么意思啊,再说了,我也不会跳舞。"妈妈一边把菜端上桌,一边说道:"这孩子,化妆舞会怎么会没有意思呢?我们读书的时候,最盼望的就是参加化妆舞会,可以借此机会认识好多有才气的男孩子。"说完,妈妈摆了一个姿势笑道:"至于跳舞嘛,你不会,妈妈可以教你啊,到时候保准你会成为整个舞会上的亮点。"楠楠看了看妈妈,大叫一声:"妈!不用这么夸张吧。"

吃饭的时候,妈妈再次向爸爸提及学校举办化妆舞会的事情,爸爸表示赞同:"楠楠,我发现你的人际交往能力有点儿差,像你这种情况,得多参加集体活动,认识更多的朋友,向他们敞开你的心扉,这样你的交际能力也就提升了。"楠楠有些质疑:"爸爸,你没糊弄我吧,我可从来没听说过参加舞会可以提升交际能力。"爸爸笑了,说道:"真的,当初我跟你一样,整天不怎么说话,后来参加了一次舞会,与你妈妈成为了好朋友,话也渐渐多了起来。你不知道,现在公司里的人都说我的口才好。""哈哈,原来你就是这样把我妈妈追到手的啊。"楠楠更关心另外一件事情。在爸妈的开导下,楠楠答应参加舞会,并当场向妈妈学舞。

在班级的化妆舞会上,楠楠穿了一身王子的服装,再配以优雅的舞步,赢得了全场的掌声。在舞会结束后,还有不少女生慕名而来,男生则是纷纷恭维:"你真是了不起!""哪里哪里!"楠楠满脸兴奋,他觉得跟人说几句话也没想象中的那么难。而且,借着兴奋劲儿,他还邀请音乐老师跳了一曲。楠楠敢说,这个晚上是他长大后说话最多的一晚。

爸妈送给楠楠的话

作为一个青春期的男孩子,应该学会拓展自己的交际圈子,除了班里的同学,你还可以结交一些新的朋友,这对于你日常的人际交往是很有帮助的。不过,如何通过合适的机会去认识一些新的朋友呢?其中,参加各种有意义的集体活动是一个最合适不过的方法,在活动中你可以随意与陌生的人打招呼,彼此之间进行亲切的交谈,成为好朋友。参加这些有意义的集体活动,不仅能够拓展你的交际圈子,而且能够锻炼自己的交际能力。

你需要了解的知识点

可能你比较惧怕与陌生人打交道,但在这个世界上每个人都不是独立存在的,大家都生活在一个一个交际的圈子里。这就决定了你不得不尝试着与陌生人打交道,甚至与陌生人成为朋友。而活动无疑是最佳的场合，气氛比较热烈时容易激起人们聊天的欲望。实际上，集体活动本身就是一种社交的活动，通过参加有意义的集体活动，你可以结识一些新的朋友，学习一些新的知识，这对于你是很必要的。

1. 参加活动可以帮助你拓展圈子

在学校，与你有较多接触的就是自己的老师和班里的同学，最多也就是同年级的同学，当然只是打过照面，没有真正接触，更别说成为朋友了。而学校举办的一些有意义的集体活动恰好为你提供了机会，在活动中你可以认识更多的同学与朋友，相应地也拓展了你的交际圈子。

2. 参加活动可以有效锻炼你的交际能力

有的孩子比较羞涩，性格内向，他们的交际能力较差，像这样更应该参加一些有意义的集体活动。在活动中，气氛比较热烈，能够激起大家聊天的欲望，如此可以有效地锻炼你的交际能力，提升你的口才。

大胆交流，陌生人面前不怯场

青春期男孩子的困惑：要不要和陌生人说话？

星期天上午，爸爸妈妈都出门了，楠楠一个人在家睡到了十点半，晃晃悠悠地起床了，洗漱完毕之后，惬意地躺在沙发上看电视。正在他看到精彩剧情的时候，门铃响了，楠楠直咕哝："难道爸妈出门忘了带钥匙？"打开门，却看见一张陌生的面孔，楠楠有些惊讶，隔着铁门问道："请问你是谁？"眼睛里满是警惕，那中年男子笑着说："你是楠楠吧，我是你爸爸的同事李叔叔，你爸爸在家吗？"李叔叔？楠楠想起了爸爸经常提到的名字，他又试探了一遍："您是李岩，李叔叔吧，您进来吧。"那李叔叔点点头，随着楠楠进了屋，见到屋里没有人，他向楠楠问道："你一个人在家吗，你爸爸呢，我来找他有点儿事。"楠楠拿着杯子在饮水机那里接了杯开水，双手端给李叔叔："李叔叔，请喝水，爸爸和妈妈出门买东西去了，一会儿就回来，您先坐着等一会儿吧。"李叔叔接过了开水，直夸奖："楠楠真懂事，作业都写完了吗？""还没有呢，下午再写点儿就完成了……"楠楠坐在沙发上与李叔叔聊了起来，一会儿他还跑进书房拿了爸爸的香烟，递给了李叔叔。

他们正聊得高兴，爸妈回来了，李叔叔与爸爸寒暄了几句，李叔叔就夸起了楠楠："你这孩子真懂事，很会招呼客人，而且说话有条有理，虽然我们从来没见过面，但他还是开门让我进来了，孩子啊，对陌生人就应该这样。""哪里哪里，他以前也很羞涩的，见到人也不说一句话，这阵子才好了一点儿……"爸爸一边微笑看着楠楠，一边与李叔叔讲起了话。

第9章 积极交往，如何做一个受人欢迎的少年

楠楠跑进厨房，想看妈妈弄什么好吃的，妈妈笑着说："你李叔叔夸你哩，咦？你没有见过他，怎么就给陌生人开了门？"楠楠得意地说："因为他说是爸爸的同事，我就想了想，爸爸曾说过自己有一位李岩的同事，而且年龄也差不多，我想应该差不了。再说了，即使他真的是一个陌生人，我也不怕，我还学过跆拳道呢。"

爸妈送给楠楠的话

现实生活中，许多孩子见到陌生人就会满脸紧张、焦虑，因为他们从小就被教育"不要和陌生人说话"。孩子从小与爸妈相处，长大之后也就是多了同学和老师，在他们有限的交际圈子里，接触的陌生人比较少，不可避免的，他们对陌生人多了戒备。有时候，看见了陌生人，总会因心中胆怯而不敢开口，不然就是结结巴巴，说不上几句话。这样难免会被人评价"这孩子，连话都说不好""现在的孩子，一点也不擅长交际"。其实人际交往就是这样，许多人都是从"陌生"到"熟悉"的，并不是说所有的陌生人都是坏人，也不是说所有的陌生人都是好人。但无论如何，当我们在面对他们的时候，应该做到轻松不紧张：如果对方怀有不良企图，我们应很好地保护自己；如果对方是值得交往的朋友，那我们应给对方留下很好的印象。

你需要了解的知识点

作为一个青春期的男孩子，应该学会交际，特别是与陌生人的交际，这是一项生存的法则。因为当你成年之后，不可避免地会接触到越来越多的陌生人，你的生活圈子不再是爸妈、老师、同学那么简单了。在纷繁复杂的社会交往中，轻松与陌生人交流，成为了一种本领。

1. 青春期男孩子如何与陌生人进行轻松的交流

在与陌生人接触的时候，你需要做的就是消除彼此之间的距离感，缓解内心的紧张情绪，把心态放松，把对方当成朋友，平等地对待，主动找到共同的话题，这样就没有了陌生感，也可以培养亲近感。当你这样做了，你会发现与陌生人交往并没有想象中的那么可怕，只要你鼓足了勇气，勇敢说出第一句话，那么接下来就轻松多了。

如果你所遇到的陌生人对你怀有不良企图，那也应该以轻松的状态与之接触，化解对方的戒心。等对方完全放松下来之后，你再找机会摆脱对方，或者寻找机会报警。总而言之，在面对陌生人的时候，要学会自我保护。

2. 与陌生人轻松交流是一种能力

随着时代的发展，我们的社交习惯和方式也发生了变化，在日常生活中，一些陌生人逐渐成了合作伙伴，交际应酬也成了生活中不可缺少的环节。因此，从你们现在这个年龄开始，学会大方与陌生人交流，这是在锻炼你们的交际能力。

很多时候，你不要固执地把"不要和陌生人说话"当社交口号。在这样的思想下，时间长了，你与陌生人接触时就会变得不自在，一种出于心理上的焦虑就开始了，这样的恐惧情绪上升到一定的程度会成为一种自闭性格，而且会影响到你以后的工作和生活。

真诚待人，做值得同学信任的人

青春期男孩子的困惑：如何让同学信任自己？

经过参加几次集体活动，楠楠的交际能力得到了大大提升。在高三上学期，他主动请缨当上了班里的副班长。经过半学期的工作，楠楠觉得自己表现还可以，至于学期末的评优应该是没问题的。但是，前天的班会课投票评优却让楠楠感到很是郁闷和迷茫。班里一共44票，班长得了29票，而楠楠却只得了6票，还有的则是弃权或者投其他同学的。楠楠一下子觉得问题严重起来，他觉得十分伤心，原来同学们并不信任自己。

在下课之后，楠楠得知自己的好朋友小柯也投了班长后，他更伤心了。因为小柯是自己最信任的朋友，没想到他却这样对自己。一直以来，楠楠是一个很要强的男孩子，成绩在班里是前10名，跟班主任关系也不错，在学校里也是学生会副主席，有很多认识的人，但他觉得最困难的就是跟班里的同学打交道。不过，他根本没想到结果会是这样，票数如此惨不忍睹，他很想知道自己究竟怎么样去做，才能继续留任，才能赢得同学们的信任。这次的投票结果让楠楠开始重新审视自己与同学们之间的关系，想到还要面对同学，他只能把心事藏在心里，对同学还是笑脸相迎。不过他有时候没有把握，自己该以什么样的姿态来面对同学们，才能获得他们的信任。

楠楠茫然地走在校园里，不知道该怎么办？这时，小柯快步走了上来，他有些小心翼翼地问："你还在怪我吧。"楠楠摇摇头不说话。小柯说道："其实，我很早就应该跟你说说，你做副班长这段时间，活动办得多，工作也卖劲儿，但很多时候，你忽略了同学们的感受，对同学们不够关心，所以，同学们才渐渐地失去了对你的信任。"听了小柯的话，楠楠陷入了沉思，一遍遍回想自己工作时的情景。

爸妈送给楠楠的话

孩子，你慢慢长大了，在你的人生中开始出现了一些颇有分量的词，诸如信任、责任等。今天，爸妈就跟你聊一聊信任。什么是信任呢？信任就是：不怀疑，可靠。有教育家曾说过:"对人的热情,对人的信任,形象点说是爱抚、温存的翅膀赖以飞翔的空气。"生活中人与人之间的交往,信任是最基本的前提,也是彼此之间沟通的钥匙,更是建立良好友谊的桥梁。最近,你总是唉声叹气,回来总说:"同学对我不够信任。"孩子,信任是相互的,或许在你与同学之间真的出现了一些问题,这时候你是否反思了自己的行为呢?

◀)) 你需要了解的知识点

孩子,你性格比较好强,总是以自我为尺度或自我为中心来判断和处理事情。有可能在班级工作中,你总是希望和要求同学们像你一样,把所有心思放在同学之间的互相协作上。虽然你的出发点和为同学着想的思想是好的,但是你没有尊重个体差异以及不同人的追求目标、性格特点以及为人处世方式,让同学感觉到你没怎么在意他们的感受。因此,渐渐地他们失去了对你的信任。那么,你该如何来补救呢,怎么样才能获得同学对你的信任呢?

1. 学会自律

经过了这样一件事,需要你在以后的工作中学会自律,遇事多为别人着想,尽量照顾其他人的利益。同时要不断地看到同学们的优点,学会赞美同学,在向同学提意见的时候,用"如果"或"假设"的口气,这样会更容易被接受。

2. 更好地服务于同学

班干部的工作就是更好地为同学服务，与此同时，你要用自己的真心、诚意来协调同学之间的关系。学会主动与同学沟通，不要把矛盾放在心里，更不要有过激行为。遇到矛盾时要心平气和地把自己的想法说出来，诚恳地与对方谈心。

3. 关心每一个同学

在日常生活中，我们都有这样的体验，当自己被他人关心、关注的时候，心中就会有一种倍感温暖、倍感安全的自信和快乐。同样的道理，当同学们遇到困难和阻碍的时候，你应该主动伸出援助之手去关心、帮助、问候和体贴他们，那么同学们也会以同样的方式对待你，时间长了，你们自然会形成一种友好、亲密的朋友关系。

第四篇

修炼品格，成为一个顶天立地的男子汉

青春期的男孩子，你应该学习像一个男子汉一样长大。勇敢，而不是粗俗地莽撞；在困难面前，抬起头，昂起胸，勇敢地战胜它；坚强乐观，拥有高贵的品质；心胸开阔，能包容大海；有责任心、爱心、自信心、恒心、孝心，让自己的人生丰富起来。孩子，请努力成为顶天立地的男子汉！

第10章 品质第一，男孩要努力修炼这些品性

一个人的品格，影响着他的一生。青春期，对于每一个男生形成良好的品质来说，是一个非常重要的时期。在这一敏感时期，可能你情绪有点儿暴躁、有点儿小小的虚荣心、做事情三心二意、有点武断、花钱大手大脚、做事情没谱没规划，这些看似小毛病，却会影响到你成年以后的品质与形象。这是因为，品格魅力从来都是男人应具备的品性。

内心坚韧，掌控你的情绪

青春期男孩子的困惑：为什么我总是容易发脾气？

今天要进行期末考试了。楠楠很早就起床了，拿着英语书在阳台上大声朗读。楠楠的英语成绩一直处于劣势，每次总是拖总成绩的后腿，他心里很想把英语考好，不过又担心自己没复习好。所以即使读着英语，心里却是焦躁不安，做早餐的妈妈看见楠楠这么用功，心里很高兴，夸奖道："楠楠你对英语这么上心，这次应该能考好的。"谁不想考好啊，心里正烦着呢，楠楠没有吱声。妈妈以为他没听见，特意走出厨房，问道："早餐做好了，赶快来吃吧，吃好了，早点儿去学校复

习。""嗯",楠楠鼻子里发出声音,理也不理妈妈,直接拿着英语书进了房间。这孩子,最近脾气总是这样臭臭的,走在后面的妈妈很疑惑。

到了学校,楠楠一边拿出考试所需要的东西,一边趁着最后的时间记记英语单词。楠楠眼睛紧紧地盯着英语书,也没注意到同桌小胖在弄墨水,突然楠楠一个转身,不小心碰到了墨水瓶子,而部分墨水正好泼到了楠楠的衣服上。顿时,楠楠心中压抑的火气爆发了,他大声责问:"你怎么搞的?没有看到我在看书吗?马上就考试了,你还给我整出这样的事情来。"小胖笑嘻嘻地说:"那么紧张干吗,又不是洗不干净,放学你把衣服脱给我,我回家让妈妈给你洗干净,要是洗不干净,我赔你一件新的。"楠楠狠狠地瞪了一眼小胖,怒气冲冲地去了卫生间,他打算用清水洗洗那墨迹,可没想到却是越洗越黑。就在这时,考试开始的铃声响了,楠楠赶紧回到教室,拿着考试工具走进考场,坐在位置上,他很想静下心来,但看到衣服上的墨迹,他就一肚子火。结果整个考试过程中,他一直都哭丧着脸。

下午回到家,妈妈好心问:"今天考试怎么样?"楠楠正愁火气没处发,便没好气地回答说:"还能怎么样,就那样呗。"一旁的爸爸温和地说道:"楠楠,你怎么这样跟妈妈说话呢?她是关心你的考试,结果你却向她发脾气,你呀,要学会控制自己的情绪。"

💬 **爸妈送给楠楠的话**

转眼之间，你越来越高大，个子快赶上你爸爸了，不过与此相应地，你也越来越渴望拥有自己的那一片自由空间。也因此，在青春期你的情绪变得难以捉摸，你不再是爸妈整天呵护的小孩子，你有了自己的想法，有了自己的烦恼。生理上的变化，心理上的成长，都不可避免地成为了你们情绪躁动不安的原因。于是，不管是在学校还是家里，只要稍有不顺心的事情，你就像一个点燃的火药桶，脾气坏得不得了。爸妈理解你在这一时期的心理，很多时候即使你冲着爸妈发火，爸妈也不计较什么。但总是这样发脾气，这样对你自己和身边的人也是不好的。如果你想成为一个更坚韧的男子汉，应该学会管理自己的情绪，控制情绪，学做情绪的小主人，而不是被自己的不良情绪奴役。

🔊 **你需要了解的知识点**

在青春期，你们的身体迅速发育，尤其是性的发育日趋成熟，使得你们的体内积蓄了大量的能量，很容易兴奋过度，造成情绪上的不平衡。同时你们的神经系统还没有完全发育成熟，不能很好地控制和调节自己的情绪。在这样的状况下，如果生活中再出现一点点挫折，你们就很容易产生情绪或心理上的障碍，从而产生一种不良的心理。一旦坏脾气爆发，如果不能及时排解，就会引发一系列身心疾病，最终将影响到你们的身心健康。

1. 坏情绪产生的原因

青春期的男孩子正处于升学阶段，你们往往会因为考试失利而出现情绪低落、焦虑失眠、惆怅郁闷的心理状态。另外，你们也处于一个叛逆的时期，内心渴望独立，但由于爸妈还没来得及转换自己的角色，时时牵引着你们，因此你们内心会产生一些反叛情绪。本来青春期孩子的心理就很敏感，再加上爸妈不理解，老师难接近，同学不好相处，此类种种原因形成的负面情绪掌控着你们，以至于你们经常发脾气，同时也搞得身边的家人和同学很不愉快。

2. 如何控制自己的情绪

青春期男孩子应该增强自制能力，用理智控制住情绪，你可以通过自我暗示控制不良情绪的产生。当你与同学起了冲突，恶语伤人，甚至想出手打人的时候，不妨反复告诫自己："不要生气，要冷静。"这样，可以遏制自己的冲动情绪，避免不良后果的发生。当你面对考试时的紧张和焦虑不安，你可以反复提醒自己："沉住气，不要紧张，相信自己一定行。"这样你紧张的情绪就可以松懈下来了。

另外，你也可以选择一个人独处，尝试着与自己的情绪对话，学会接纳自己的情绪，并及时改变自己的想法；也可以向父母或朋友倾诉内心的烦闷，发泄出那些不良的情绪；如果这样做还是无法排解内心的郁闷和焦躁心情，你还可以寻求心理医生的帮助。

抛却虚荣心，做认真踏实的男子汉

青春期男孩子的困惑：都是"虚荣"惹的祸。

一大早，班里一大群男生聚在一起吹"名牌"，小胖说："我觉得适合咱们穿的还是阿迪达斯、耐克，在商场里，他们的衣服就最有范儿。""那当然了，一套阿迪达斯少说也是七八百，那是钱堆出来的。"小柯说道。刚到教室的郑洁飞大声说："切，你们啊，都是追什么名牌，我倒觉得，只要穿着舒服，什么样的衣服我都穿。"小胖哈哈大笑，说道："你呀，就是班里的一个怪胎，咱们不与你为伍。"坐在一旁的楠楠没吱声，因为他自己身上穿的还是去年的秋装，他觉得自己没什么好说的。

第一节课是班主任的课，班主任一进门就说："刚才，我大老远就听见你们说什么阿迪达斯、耐克，那可都是名牌啊。同学们，你们可千万不要陷入虚荣的泥潭啊。早上我看了一则新闻，说一个17岁的安徽小伙子在网上接触了一个卖肾的黑中介，当时他正想买一个iPad2，在中介的劝说下，他到湖南某医院进行了肾摘除手术。现在，一个多月过去了，他的身体每况愈下，他更是对自己做过的事情追悔莫及。"听了班主任讲的新闻，全班同学发出了惊疑和叹息的声音，大家都觉得太震惊了。班主任继续说道："你们说，所谓的名牌、iPad2究竟有多重要？是否值得用自己的生命和健康做赌注？再看小伙子卖肾的过程，我们悲哀地发现，酿成这则悲剧的直接原因就是他的虚荣心在作怪，看了这则新闻，我心里感触很多，如今的青少年价值观、人生观怎么会发展成如此畸形？"刚才还在讨论名牌服饰的男生们一句话都没说，纷纷都低下了头。

晚上吃饭的时候，楠楠问爸爸："你对名牌是怎么看的？"爸爸放下了碗筷，说道："儿子，衣服只要是干净的，穿在身上就行了，没有必要去计较名牌不名牌，穿名牌的咋了，有没有比你多什么？咱买衣服，名牌的能买，不是名牌的照样穿，做任何事情都是一样，不要有攀比的心理，也不要太虚荣了，那都是钱堆起来的，总有一天会塌下来。做人要脚踏实地，这样才会走得更远。"

爸妈送给楠楠的话

随着年龄的增长，心理上的成熟，许多青春期男孩子意识到了"金钱"的重要性。除了平时学习之外，无时无刻，他们不是在满足于"钱"带来的虚荣感。

爸妈记得你在小学的时候，就曾回家跟我们说："爸爸，班里同学的爸爸都开上了小车，咱们家什么时候才有啊。"同学们家里有的东西，自己也想有，这就是虚荣心在作祟。那些东西不是能填饱肚子的食物，而是外在的物质表现。诸如名牌服饰、小车、最新电子产品、最新款手机等，总之，只要你们拥有的东西，几乎可以统统拿来比。爸妈对这样的状态感到很痛心，那为什么不试着比比学习成绩呢？虚荣心是罪魁祸首，它能促使你去干一些不正确的事情，促使你形成错误的价值观和人生观。只要吃得饱，穿得暖，其余的身外之物，你还去比较什么呢？好好学习才是你们的任务，将来，那些受欢迎的不是贪慕虚荣的人，而是有学识的人。丢掉自己的虚荣心吧，这样你才会心无旁骛地投入到学习中，也才会更成功。

🔊 你需要了解的知识点

许多男孩子都希望能在同学们面前炫耀自己出色的某方面，当看着别人那羡慕、嫉妒的目光，自己的虚荣心理就得到了满足。这样的心理爸妈能理解，当然，虚荣心并不一定都是错误，但如果你做任何事情、说任何话，都是为了满足自己的虚荣心理，甚至为了在人前风光不惜瞎编出自己显赫的家庭背景，这样的虚荣就有点儿可怕了，不得不引起重视。

青春期是一个人品质形成的重要时期，如果小小年纪就形成了难以满足的虚荣心理，那成年之后你更将为了虚荣而活，这样一来你将活得更累。所以，作为一个青春期的男孩子，摒弃虚荣心理，学会脚踏实地生活，这样才会更容易获得成功。

1. 青春期男孩子的虚荣心

虚荣心是指过分爱面子、贪图追求表面光彩的不良心理，是思想作风不扎实、心理素质不健康的直接表现。有的男孩子总是在同学们面前炫耀自己在物质生活上的富足，一味地赶时髦、讲究吃、讲究穿、讲究用，甚至很多时候还不顾家里的经济情况，盲目地与同学攀比，追求品牌。这样的行为就是虚荣心在作怪。孩子，如果你觉得自己也有这方面的倾向，就需要及时地反省自己，克制自己的虚荣心理，脚踏实地做人。

2. 如何丢掉虚荣心

孩子，你应该树立正确的荣誉观，以激励自己不断进取，不断奋发向上。同学们吃大餐、穿名牌、坐名车并不值得你羡慕、嫉妒，因为这不是一种荣誉，只有你的学习成绩优异、人格完美才是一种荣誉。不仅如此，平时生活中要学会脚踏实地做人，凡事不能虚假，要讲究实事求是，不要为了获得某种东西就胡编乱造，这样的孩子，人们是不会喜欢的，也注定不会有大的作为。

果断行事,优柔寡断是成功之大忌

青春期男孩子的困惑:做个决定咋就这么难呢?

一直以来,楠楠是一个做决定很难的孩子,尤其是越到重要关头,他越容易陷入优柔寡断的矛盾之中。上周末,楠楠和爸爸一起去吃饭,在快餐店里,当楠楠面对着各种菜式,他就一直看着,爸爸一直问:"吃什么?快点儿点餐,不然一会儿卖完了。""马上。"楠楠只回答了两个字,但过了半天,他还是没说自己想吃什么,后面的人都很不耐烦了,催促道:"拜托,请您快点好吗?我们吃了饭还得赶着去上班。"爸爸又催促:"楠楠,到底吃什么,快点儿说。"楠楠终于说了:"红烧肉。"没想到,快餐店服务员很抱歉地说:"不好意思,红烧肉套餐刚卖完,你可以再选选其他的。""啊?"楠楠没料到自己好不容易选择出来的菜式竟然卖完了,沮丧之下只好随便选了一道菜。

吃饭的时候,楠楠一直抱怨:"这菜真难吃,这米饭太硬了,汤也好像变了味。"爸爸一边吃饭,一边回答说:"楠楠,爸爸觉得菜好不好吃还是在于你的心情,因为你刚才花了很长做决定吃什么菜,结果菜卖完了,你沮丧之下随意选择了一个菜,到现在,你的心情依然是沮丧的。"楠楠抬头问道:"你怎么知道?"爸爸解释说:"我还不了解你吗?你就是这样优柔寡断的个性,小小的决定就要考虑很久,总是下不了决心,结果总是不能得到自己想要的。你知道项羽是怎么失败的吗?"楠楠摇摇头。爸爸继续说:"你应该学过'鸿门宴'吧,在'鸿门宴'里,项羽明明有机会杀刘邦,但他却一直犹豫不决,正在他犹豫的时候,刘邦意识到自己的危险,赶紧找个借口溜了,结果无疑放虎归山。最后项羽自刎乌江,那都是因为项羽优柔寡断的个性。"

楠楠恍然大悟,他说:"爸爸,你的意思是,优柔寡断个性的人,是成不了大事的?"爸爸回答说:"这当然不是绝对的。不过,优柔寡断的个性会阻碍你成功。因为一旦机会来临的时候,你却陷入了选择困难之中,不能果断下决定。你知道,机会稍纵即逝,它是从来不等人的,如果你未能把握住机会,那么机会就会因为你优柔寡断的个性而消失。"楠楠点点头:"其实,我早就意识到了我的这个个性,有时候做作业,我都会磨蹭上一会儿再写,做事不够果断。可是,我要怎么样才能做到果断地做决定呢?"

爸妈送给楠楠的话

优柔寡断的人往往会陷入选择性困难中,他们总是考虑,到底是选这个呢,还是选那个?到底是做呢还是不做?结果犹豫的时间太久,白白浪费了大好的机会。孩子,对于你这个年龄阶段来说，这样的个性也会处处影响你的生活：比如，早上你会因为考虑到底穿哪件衣服而浪费半个小时；在做题的时候，你会考虑用那种方法解题而犹豫十几分钟，试想，如果是在参加考试，你的损失该有多大？在选择面前，你常常会犹豫半天，最后在时间逼迫下随意抛出一个决定，但却得不到自己想要的结果。从方方面面来说，优柔寡断的个性都是极为不好的，它只会影响你的学习和生活，让你错失许多良机，阻碍你成功的脚步。所以，爸妈建议你，切莫优柔寡断，要学会果断行事，这样你才能成为真正的男子汉。

你需要了解的知识点

古往今来，多少豪杰壮士因优柔寡断丢了性命，甚至丢了江山。他们都是在做决定的那一刹那，优柔寡断、犹豫不决，结果机会被别人拾得，他们也就只能沦为失败者。作为一个男孩子，如此懦弱的性格是不适当的，男孩子做事就应该果断坚决，心里有什么想法就去做，自己觉得那是对的就坚持下去，而不是婆婆妈妈地考虑其他问题，否则无疑会增加你做决定的难度。长此以往，你优柔寡断的个性将越来越严重，这样下去对你学习、生活都是不利的。每次做决定都犹豫不决，结果选择了一个自己不想要的结果，于是心里郁郁寡欢，如此恶性循环，你只会纠结于矛盾的痛苦中，无法自拔。

1. 做决定要果断

在轮到自己做决定的时候，一定要果断，即使后来发现这个决定是错误的也无妨。毕竟你们的年纪还小，即使选择错了还可以重新来一次，但要以此培养自己果断做决定的习惯。

2. 三思而后行

做决定要果断，并不意味着你在做决定的时候什么都不想，这是鲁莽的做法。在做决定的时候，你还是需要考虑这样做的后果是什么；如果在你面前有两个选择，你则会想选了这个会怎么样，选择了那个会怎么样，如此权衡利弊，你心中自然会有答案。

制订计划，按计划行事更易成功

青春期男孩子的困惑：为什么自己总像无头苍蝇一样？

转眼到了高三下学期了，班里同学都在积极筹备高考，为了能够更快地补充知识，许多同学都参加了培训班。楠楠觉得很迷茫，一方面他觉得没有必要参加培训班；但另一方面他又觉得，如果自己不参加培训班，会落后于同学。就这样，他也一直没做什么决定。爸爸关心地询问："楠楠，你参加培训班吗？"楠楠先是摇摇头，后又点点头。爸爸很无奈："你这是什么意思啊？你到底是参加还是不参加啊。哎，我说你，你为自己定了目标没？""什么目标？考一所大学？"楠楠反问道。爸爸有些忧心："你这样的状况我真是担心，你都高三下学期了，怎么还是一点儿目标都没有，也没有什么规划。你这样，我真担心你能不能考上大学？"楠楠安慰道："我知道了，我会尽快树立目标，规划自己的将来。"

这次谈话过了一阵子，爸爸又找到楠楠说："目标呢？找好没？哪所大学？爸爸帮你参考参考。"楠楠一副很懊恼的样子，说："我还没想好呢。""好吧，爸爸帮你。"爸爸表示很无奈，他说："那么，请你告诉我，你喜欢做什么工作，喜欢哪个专业？"楠楠回答说："我将来很想做一个工程师，我最喜欢的当然是数学了。"爸爸继续说道："那么，你的目标大学需要以你的兴趣和爱好来选择，这样的话，你应该选择工程类的学校，你可以在网上搜索一下哪所大学的工程专业比较好，再核对这个学校近几年的录取分数，你再结合自己的成绩，这样的话，你所选择的目标应该是可以达到的。"听了爸爸的话，楠楠来精神了，他突然觉得自己读书这么多年，好像终于有一个清晰的目标了。

爸爸又说："你先别着急，虽然这样定下来的目标与你自身水平是差不了多少的，但要怎么样做，才能达到这个目标呢？如果从现在开始，你每天都这样无所事事，那么，即使你本身底子好也难以成功。你应该想想,高考科目有哪些,哪些科目是自己薄弱的,哪些科目是自己的强项。针对自己擅长的科目,多做练习,争取能再次提高水平;针对自己不太擅长的科目,更应该投入大量的精力,以此提升各科的成绩。爸爸现在对你说的,就是为了达到目标所做的规划,你现在明白了吗?做任何一件事情,都要有目标和规划,否则你将一事无成。"

爸妈送给楠楠的话

许多青春期男孩子都有这样的情况,做事情只图一时兴起,仅凭一时的痛快,盲目行动,毫无目标,就像无头苍蝇一样。最后往往由于未能做好充分的准备工作,又无目标可言,导致事情以失败告终。而且,无规划无目标的做法让整件事情的发展脱离了自己的掌控范围,甚至在这个过程中还会出现一些意外的事情,最后事情发展到哪里、怎样发展,都是自己意料不到的。其实,做任何一件事情都需要有目标、有规划,这样可以确保事情的顺利进行;另一方面,好的目标、好的规划会对事情突然的转变起到预测作用,以防不备之需。这主要是因为在很多时候,你所做的事情并不如想象中那么顺利,它并没有在自己的掌控之中,而且你连自己所希望达到的目标都不清楚,事情又该如何进行下去呢?大量事实证明,如果有清晰的目标,有较为详细的规划,整件事情就成功了一半。

🔊 你需要了解的知识点

做一件事情需要有目标，因为目标是你的方向，没有了目标，你就失去了前进的方向，你不知道应该把这件事做到哪里，就像无头苍蝇一样到处瞎撞，结果撞得头破血流。不仅如此，在你心中有了既定目标之后，还需要有一定的规划，这所有的规划都是为达到目标而设定，"规划"的作用在于更好促使这件事的完成，达到你想要的目标。

1. 给自己设定清晰的目标

有句话说："生活没有目标，生命就会短暂。"目标就好像前进路上的灯塔，它指引着你往哪里走，而且更多的是给你一种强劲的信念。有了目标，你才知道自己所做的一切到底是为了什么。目标还会给你一种向前奋进的动力，在前行的途中即使遇到了困难，但一想到那设定的目标，你就会咬牙坚持。所谓"事在人为"说的就是这个道理，只要你敢于想，敢于为自己设定目标，那么就一定能达成这个目标。许多人总是觉得自己不能干大事，其实他就类似无头苍蝇，在没有任何目标的情况下就先否定了自己。

当然，你的目标应该是清晰的，越清晰的目标越容易达成。许多孩子总是抱着不切实际的目标或者一个模糊的目标，最后连自己都搞不清楚目标到底是什么。如楠楠目前来说，清晰的目标包括具体考哪所大学，选择哪个专业。

2.有规划，才有准备，才会成功

没有规划的人生，就像是没有线的风筝，飘飘荡荡，自己也不知道将要去哪里；没有规划的人生，也像是没有根的浮萍，游离在水面，没有最终的归宿。实际上，你学着规划事情，就等于在锻炼自主能力，今天你或许只是做了一件有规划、很靠谱的事情，但明天你就有可能会为你的人生规划了。

孩子，要记住，永远做一个有准备的人，因为成功只光顾那些有准备的人。当你开始做一件事情，就应该想到这件事所带来的后果以及准备工作。做任何一件事情，都要有长期的规划、计划，并围绕这个规划持之以恒地去努力、去学习，在事情出现变化的时候也能顺利转变自己，灵活应付一切。所以，要想成功，就永远做一个有准备的人。

第 11 章　勤奋惜时，趁着大好时光努力学习

青春期是人生最关键的时期之一，也是人生的一个重要过渡期，还是一个学习的黄金时期。在这一时期，你们身体、心理将发生巨大变化，智力更会积极地发展。如果你能好好把握这一黄金学习阶段，那么这一阶段将为你奠定未来成功的基石。

明确学习动机，学习是为了你自己

青春期男孩子的困惑：学习到底是为了什么？

到了高三，老师天天挂在嘴边的就是"高考""大学"的字眼，似乎那些事情就会发生在明天，班里的同学都在聚精会神地听课、做练习。听小柯说，班里不少同学晚上学习到凌晨两三点钟，且早上四五点就到教室自习。听到同学们这样疯狂地学习，楠楠很吃惊，他想起了高二时班主任在课堂上所讲过的话："我希望在座的同学能够认清学习的目的，从现在开始努力学习，为最后的冲刺打好基础，两年后，我希望你们都能进入自己理想的大学。"这样拼命地学习，难道就是为了考一个大学吗？

中午休息的时候，教室里几个同学针对学习聊开了，小

胖说:"学习,学习,就是为了考大学,为了那张大学文凭,毕业之后出来还不是挣钱?说到底,我们这样拼命地学习就是为了挣钱。""说得对啊,所以,我早就做好决定了,我打算只参加毕业考试,不参加升学考试,我回家帮爸爸做生意去。"班里成绩不怎么好的张军说道,大家都知道他家里开着三家店,小胖羡慕地说:"你的决定真明智,搞不好我们还在大学醉生梦死的时候,你已经跻身有钱人的行列了。""哈哈,我倒希望呢,告诉你们,我一个表哥高中没有毕业就去了广州那边,现在都成了大老板,手里有车子、有票子、有房子,你说,还愁什么生活呢。"张军得意地吹起了自己表哥发迹的事情。一直沉默的小柯说话了:"那你们怎么解释许多人成功之后,还回到学校里继续深造呢?"张军笑了,说:"我猜他们是吃饱了撑的没事做,弄一张文凭来摆摆台面。""哈哈……"大家都笑了起来,听了大家的讨论,楠楠也怀疑自己一直以来坚持的东西是否错了?

晚上回到家,楠楠有些泄气地问爸爸:"你说读书是为了什么?"爸爸放下手中的报纸,反问道:"今天你怎么突然问这个问题?"楠楠回答说:"我班里的同学都说读书是为了挣钱,既然都是为了挣钱,那为什么不现在出去挣呢?何必还到大学去浪费四年的时间。"爸爸解释说:"你现在出去能干什么呢?高中还没毕业,你还没有掌握足够多的知识和能力,你没看见?那些早早辍学出来的孩子,他们干的都是苦力活。所以读书并不是为了挣钱,而是为了学知识。学习能够不断地丰富你的人生,丰富你的心灵,这样将来能做出更大的贡献。你所谓的'考大学只是为了那张文凭',那只是一个功利性目的。"

爸妈送给楠楠的话

读书读了那么多年,到底是为了什么呢?很多时候你都在思考这个问题,倘若百思不得其解,搞不懂其中的原因,你就无法真正地投入到紧张的学习之中。那么对于之前设定的学习目标,你也就开始动摇了,并对大家都在说"读书不过是为了一张文凭""读书出来,也是为了挣钱,活在这个世界上,难道没钱就可以生存吗"的言论感到困惑。更让你不明白的是:许多读书很多的人,一生却过的是清贫的生活。这让你觉得这个世界不公平,为什么会这样?难道真的是"百无一用是书生"?爸妈知道你一直在思考这些问题,也知道如果你不能及时明白这个道理,你将没有办法全身心投入到学习之中,那么,在这里爸妈给你一一解答。

你需要了解的知识点

在现实生活中,有的孩子是为了脱离农村的贫穷而学习,有的孩子是为了那一纸文凭而学习,有的孩子是为了将来的铁饭碗而学习,有的孩子是为了升官发财而学习,有的孩子是为了升职、加薪而学习。这样的功利性学习,使得每个人显得浮躁不安,似乎处于青春期的你们也开始感到迷惑,我到底为何而学习?

1.学习是为了谁

学习是为了谁?说得宏观一点,是为了国家,为了社会,因为你的所学将会奉献给社会。即使你领着公司的薪资,但是你所贡献出来的知识与能力,最终是为了促进社会的进步。从微观说,学习是为了你自己,为了能有一个好的未来,就像你自己所说,为了那张文凭,为了毕业出来能找个好的工作,这即是带有功利性目的的学习。

但你不能忽视了另外一个学习的目的,那就是不断地充实自己。知识是无尽的,读书让无知的我们成为了学识渊博的人。因此,学习的最终目的不是为了金钱,也不是为了文凭,而是很大程度上为了完善自我。知识,它可以充实你的生活,装点你的人生。通过学习,你可以学到许多做人的道理,怎么说话、怎么与人交际、怎么取得成功、怎么解决问题等。

2.认清学习目的,端正学习态度

以功利性为目的的学习,只能使自己培养出浮躁的拜金主义价值观,是学不到真本领的。而且这样的学习也是不稳定的,当你发现这方面的学习不能为你谋取经济利益时,就会转向其他方面。甚至到某些时候，只要能挣到钱，不管这样的学习适不合自己，都硬着头皮学习，结果常常使自己事倍功半。

事实是，在学习的过程中，你的智力得到了挖掘，你的大脑得到了开发；在学习的过程中，你不断地变得聪明，变得智力超群；在学习的过程中，你还能感受到学习带来的愉悦享受、精神上莫大的满足。所以，孩子，当你在进入青春期这一黄金学习时期，关键就是要认清学习的目的，这样才有利于端正自己的学习态度。

找到你的学习方法，提升学习效率

青春期男孩子的困惑：怎样总结出适合自己的学习方法？

认清了学习的真正目的之后，楠楠开始投入到高三紧张的学习之中。每天早上，楠楠起得很早，拿着书本在书房里低声朗读；在课堂上，认真听老师讲课，做好笔记；午休的时候，楠楠给自己规定只睡二十分钟，然后做几道习题；晚上回到家，吃过饭之后，他就一个人钻进书房，做练习或者看书，一直到深夜。就这样学习了大半个月，楠楠觉得自己有些吃不消了：白天瞌睡迷离，就连课间十分钟他也能睡着；晚上也不能好好地集中精神学习，脑海里总是一片混沌。难道自己身体不行了？楠楠听说，班里的同学都是这样学习的，怎么他们一点儿事都没有？

这天吃过晚饭之后，楠楠拖着疲惫的身体走进书房，妈妈心疼地说："别急着学习，先休息休息吧。"楠楠松了一口气，坐在椅子上闭着眼睛就睡着了。"这孩子，最近这么拼命的学习，身体怎么吃得消？"妈妈心疼地说。旁边的爸爸回答说："我看他是没有找到适合自己的学习方法，总是这样盲目地像牛一样的学习，能行吗？不仅身体吃不消，而且效率极低。"

周末早上，爸爸叫住正要去晨读的楠楠，说道："楠楠，你不能盲目地学习，这样只会让你的身体很累，而且不见半点儿效果。"楠楠疑惑地问："可是，班里的同学都是这样学习的，怎么会没有效果呢？那他们经常熬夜，岂不是白熬了？"爸爸解释说："你不要认为自己把所有的时间和精力花在学习上，成绩就会进步，适合自己的才是好的学习方法，不然会使你的学习事半功倍。你呀，得总结出适合自己的学习方法，这样学起来才不累。"

后来，在爸爸的帮助下，楠楠总结出了自己的学习方法：主要放在自己的英语和数学方面，时间和精力按时分配，保证充足的休息时间。这样下来，楠楠觉得自己常常做完练习之后还有剩余的时间，于是他就找了一些文学作品来看，一方面可以放松自己，另一方面还可以提升自己的写作水平。

> 爸妈送给楠楠的话

在升学阶段,许多孩子每天像发了疯一样学习,十分努力,但收到的效果却很小,不仅如此反而还拖累了身体,使精神变得恍惚。所以学习需要靠巧劲儿,而不是蛮力。许多孩子认为,一旦自己把所有的时间和精力都花在学习上,成绩肯定会进步。这样的理解是错误的,学习需要勤奋,但并不需要你像牛一样不辞劳苦、没日没夜地干活。如果你过度劳苦,把身体拖垮了,到时候自然没有精力去学习了,岂不是得不偿失?

> 你需要了解的知识点

每个孩子都希望自己能够有效地提高成绩,但实际情况是,只有正确的、适合自己的学习方法,才能有效提高学习效率,提升学习质量,最终促使你成功。很多时候,孩子们都是在盲目学习,看到同学们半夜三更还在学习,他也效仿;看到同学们四五点就起床背、记,他也照做。但一种学习方法并不适合每一个同学,有的孩子天资聪慧,他学起来很快,只需要花很短的时间就能达到与同学一样的水平;有的孩子比较愚钝,总是要不断地巩固学过的知识才能记得牢。像这样的情况,前者学习所需要花的时间较短,后者学习所需要花的时间则比较长。如果两个孩子以同样的学习方法学习,那么恐怕只有一人能达到学习的理想效果。

1.适合自己的学习方法是自己总结出来的

当然，学习方法并不是一朝一夕就能摸索出来的，虽然从跨入学校起就在慢慢接触学习，但对于你们来说，学习依旧是一个漫长而痛苦的过程。在这个逐渐探索的过程中，如果你不断地尝试新的学习方法，不断地改进自己的学习方法，长久下去你就会摸索出属于自己的一套学习方法。要知道适合自己的学习方法才是最好的，它可以根据你的自身特点、学习能力，制订出相应的方法措施。所以，即使你花了一点儿时间，也能抵过其他同学花上几倍的时间。

2.学习重要，休息更重要

好的学习方法是平衡了学习时间和休息时间的，有的孩子为了升学，整整一个学年几乎没睡过一天安稳觉，这样的学习方法是不恰当的。你们的身体正处于发育期，劳累之后的休息对你们来说尤为重要。每天除了好好学习，更应该好好休息。因为只有你休息好了，才能保证足够的精力来学习。反之，如果你没有休息好就开始学习，那么你的学习就会事倍功半。

一颗平常心，轻松应对考试成功和失利

青春期男孩子的困惑：如何面对考试的成功与失利？

第一学月测试成绩出来了，楠楠成功跻身年级前十名之列。当他在密密麻麻的成绩报告单上发现自己的名字赫然出现在前十名的时候，楠楠高兴得跳了起来，朋友小柯朝他竖起了大拇指，说道："看来，你这个月的学习没有白费，再接再厉哦，你现在可是我赶超的对象哦，千万不要骄傲，小心从高处摔下来。"楠楠还处于兴奋状态之中，也没多在意小柯的话。

回到家，楠楠兴奋地告诉爸妈："第一学月成绩出来了，我进了年级前十名，这可是我第一次发挥得这样好啊，妈妈，这顿饭给我庆祝庆祝吧。"妈妈笑着说："行啊，想吃什么？今天妈妈请客，你做主。"楠楠兴奋地跳了起来，爸爸在一边泼冷水："这才是第一学月测试，千万不要高兴得太早了，不过有这样的成绩，爸爸恭喜你。"

第一学月测试之后，楠楠觉得自己现在的成绩算是有点儿稳了，于是他没怎么在意之后的复习计划。还是按照之前的学习方法学习，不过明显地，状态松弛了下来，他不再那么紧张地学习了。每每到晚上做练习的时候，常常偷懒，本来打算做五道题的，结果只做了两道题就睡觉去了。

很快，迎来了第二次学月考试，不知道是楠楠学习方法不对，还是状态不集中。竟然出现了"滑铁卢"事故，之前，楠楠的成绩虽然不能算名列前茅，但总是年级前十五名左右，但这次不仅跌出了前十名，还落到了三十名之外。而且朋友小柯的成绩都进步了，没想自己却退步了，班主任把楠楠叫到办公室，说道："楠楠，我一直看好你呢，希望你能努力进入年级前五名，到时候考上重点大学肯定是没问题的，可你这次怎么回事，居然滑到了三十名以外，再这样下去，不但重点大学毫无希望，连上个本科都成问题了。"听了老师的话，楠楠心里一团糟，再想想自己之前的兴奋劲儿，难道这就是乐极生悲？

> 爸妈送给楠楠的话

在升学这一阶段，你们所遇到的都是大大小小的考试：学月测试、模拟测试。你们的心情和情绪都随着考试成绩而忽上忽下，成绩提高了，你会变得兴奋异常，觉得自己升学有希望了；成绩下降了，你会灰心丧气，觉得自己的大学梦破碎了。本来这只是正常的情绪反应，但在升学这一重要阶段，你的任何心态都将影响你的学习。比如，当你为成绩提高而高兴的时候，你会不自觉地放松学习；当你为成绩而灰心的时候，更没有精力好好学习。因此，在考试的成功与失利面前，你要端正自己的心态，所谓"胜败乃兵家常事"，无论这次是成功还是失败，只要你一如既往地学习，那么成功总有一天是会属于你的。

在即将升学的这一阶段，每分每秒都很宝贵，你根本没有时间去高兴、沮丧，你所需要做的就是以一颗平常心来面对考试的失利与成功。考试失利了，要学会总结经验和教训，为下一次成功做准备；考试成功了，要提醒自己，或许这只不过是运气好而已，自己还需要更多的努力，才能保证运气会一直这么好。总之，对于考试，要以正确的心态面对。

🔊 你需要了解的知识点

相对于考试的成功，大多数孩子很容易在考试失利面前一蹶不振，陷入失败的痛苦之中，精神不振，整日为成绩而忧心。爸妈需要告诉你的是：失败并不能说明问题，没有到最后，谁也不能说你是不行的，所以从哪里跌倒就从哪里爬起来，做一个铁骨铮铮的男子汉。

1. 以正确心态面对考试

范仲淹说："不以物喜，不以己悲。"一件事情只有两个结果，要么失败，要么成功，而我们所需要做的就是保持正确的心态。如果你心态比较浮躁，那么在考试成功的时候，你会欣喜若狂，内心滋生出骄傲的情绪，甚至会放松自己的学习；在面对考试失利的时候，你就会灰心丧气，一蹶不振。

这样的心态就是不正确的，你有可能会因骄傲而跌倒，也有可能因失败而灰心放弃。而最好的心态就是怀有一颗平常心，这样你会在成功面前保持谦虚的态度，在失败面前依然充满着信心。

2. 不要太在意考试的成功与失利

目前，依然是应试教育为主，这意味着以分数来判定你的成功或失利。应试教育本身是有欠缺的，仅仅凭着考试的分数而来判断这个学生的知识如何、能力如何，是不妥当的。因此，如果你真的尽力了，不要太在意考试的失利或成功，因为你所学到的知识是不能被那些冷冰冰的分数而代替的。

当然，考试的成功与失败只是一件小事而已，当你长大成人，你会发现生活中还有许多困难与挫折在等着你，到那时你回头再看，你会觉得学习时的考试真的是微不足道的。人生漫漫长路，总不能一帆风顺，总是有着这样或那样的挫折与困难，而当你在面对这些困难与挫折时，难免就会有失败，这是必然的，而我们只需要学会接受。

即将升学，如何卸下压力

青春期男孩子的困惑：压力太大，怎么办？

学习进入正轨之后，楠楠慢慢摸索出了自己的一套学习方法，每天合理安排自己的时间，在这样忙碌一阵之后，也即将迎来第二次测试。小胖不知从哪里听来了小道消息：据说这次测试的成绩会作为分班的一个标准，将整个年级分为提升班和普通班。这消息一出来，同学们都非常慎重，楠楠更是感受到一些压力，因为上次考试的失利，一直有个阴影在心里，虽然经过了这一段时间的学习,但他总担心自己的成绩不能恢复到以前的水平,如果是这样,那么自己有可能会被分到普通班。在这样的担忧下,压力日益加重,楠楠开始怀疑自己的学习方法是否可行,他决定把自己所有的精力和时间都花在学习上。

楠楠学习的劲头似乎又回到了最初的状态,不让自己有一点儿休息,晚上看书看到深夜。早上,爸爸看着楠楠严重的黑眼圈,打趣:"最近学习这么紧张吗?你看都有黑眼圈了,学习再紧张也要注意休息。"楠楠一直哈欠连连,连爸爸的话都没搭理,就又去书房开始学习了。

由于晚上学习得太晚,白天上课也没有什么精神,楠楠的学习效率有所下降,他又开始担心自己的学习。晚上看书也看不进去,睡觉又会失眠,他总想着到时候若是自己被分到了普通班,该怎么办?还有爸妈对自己的期望等,这样想过之后,精神简直到了崩溃的边缘。

爸爸似乎看出了楠楠的压力,这天他叫住正要回房间的楠楠,说道:"最近怎么了?看你好像压力挺大?"楠楠叹了口气:"压力能不大吗?这次考试的成绩将作为分班的依据,我看我是凶多吉少了。"爸爸说道:"没那么严重,当初我高中的时候,我读的也是普通班,但高考成绩依然不比那些提升班的同学差啊,不要太在意分班的事情,你该做什么就做什么,你越是想,给你的压力就越大,这样反而会影响你的成绩。"

楠楠点点头，爸爸继续说道："楠楠，不要给自己太大的压力了，适当的压力是一种动力，可压力过大就会形成一种紧张的心理。相信自己的学习方法，越离近考试，越要注意休息，这样才能以最佳的状态来迎接考试，爸爸祝你能够取得好成绩。"听了爸爸的话，楠楠觉得自己浑身轻松了不少。

爸妈送给楠楠的话

孩子，你正处于升学阶段，爸妈知道你的压力很大。我们的期望，老师的期望，自己对自己的期望，都是一种强大的压力，它们像大山，沉重得使你透不过气来。记得前不久，你跟爸妈一起看新闻：一个高中孩子因学业过重，压力太大，承受不住而结束了自己的生命。看到这样的新闻，爸妈觉得很痛心，对此，我们商量过了，关于你升学的事情我们不过问，我们只是默默地站在你背后，支持你，给你加油。但是，孩子，你也不要给自己太大的压力，凡事量力而为，只要自己尽力了，管他是什么结果，你都可以了无遗憾地说："我已经努力过了。"

你需要了解的知识点

当然，作为一个即将升学的孩子来说，有压力是正常的。如果没有压力，你就没有动力，就不能促使你认真学习，不能促使你继续前进。因此，孩子，首先你应该承认升学给你带来的压力，不要逃避，应该正视这样的压力。

1. 比起结果，爸妈更重视过程

孩子，看到你为了升学而努力，爸妈感到很欣慰，同时也感到很心疼。或许，你很在意爸妈的感受，把我们对你的期望转化成压力。但是爸妈需要告诉你：比起最后的结果，爸妈更重视过程。在升学这一阶段，你确实努力过了，那就行了，那么爸妈就觉得足够了。

2. 给自己的压力要适当

你不要给自己太多的压力，给自己的压力要适当。一旦压力过大，就会造成精神紧张、心理崩溃，晚上失眠，白天精神恍惚，这样的状态是非常影响你的学习质量和效率的。

3. 学会给自己释放压力

压力是外来的一种力量，控制着我们的精神和心理，这是我们无法掌控的，但是我们可以通过一些方式来化解它，消减它的消极方面，使其趋向于积极作用的一方面。所以，当你自己感觉压力太大的时候，不妨暂时脱离学习的状态，多参加一些户外活动，在大自然中散散心，或者邀约几个好友一起打打球，这都是一些释放压力的好方法。

压力就是精神上的一种紧张状态，如果你的精力暂时被另外一种活动占据，那么你就会放下心中的压力，投入到轻松愉快的活动中，使身心得到休息。当你再回过头想那些学习的压力，你会发现它已经没那么严重或可怕了，甚至已经变成了一种动力。

第 12 章　展望未来，好男人尽早树立人生志向

青春期是男孩子从未成年跨越到成年的一个过渡期，在这一时期，作为男孩子，应该学会有目的地规划自己的人生，所谓"阳光男儿自有志向"。

树立远大的志向，你才能成功地扬起人生的风帆，更好地走向未来。

戒除依赖，做独立男孩

青春期男孩子的困惑：自己怎样学会独立地生活？

高三下学期是向高考冲刺的最后阶段，应学校要求，所有的学生均要住宿，以便学校统一管理。一直住在家里的楠楠也无奈成为了住校生，刚开始得到这个消息的时候，他还很兴奋，觉得自己终于成功地加入到班里的男同胞大家庭了，即将就要过期待已久的住宿生活了。可是回到家里，吃着妈妈煮的饭菜，和爸爸开心地聊天，睡在暖和的床上，楠楠突然有一种深深的依恋，好舍不得离开这个家。看着有些失落的楠楠，爸爸安慰道："你有空了还是可以回家来嘛，没什么舍不得，学校离家这么近，再说，你在家住了18年，是应该体验一下在学校里的生活了。"楠

楠点点头，没说话。

住宿生活正式开始了，楠楠才觉得自己真的很不习惯。睡在学校里的第一晚，楠楠觉得床板太硬，弄得自己全身疼痛；床太窄，翻个身就快要掉下床来了；同寝室的同学竟然有打呼噜的习惯，搞得楠楠一晚上没睡着。第二天早上起来，还是睡眼惺忪，找不到东南西北。结果，课上根本听不进去老师在讲什么。以前的时候，偶尔楠楠会在学校里吃饭，那时他觉得学校里的伙食还不错，可真正让自己天天吃这个，他觉得有些吃不消，哪里比得上家里妈妈做的饭菜啊？在学校住了不到一个星期，楠楠就打电话向妈妈求救："这学校哪里是人待的地方。"妈妈只好安慰："孩子，坚持坚持，也就过去了。"

周六，楠楠抽出一下午回了趟家，爸妈都在家。楠楠一个劲儿地抱怨学校的住宿条件太差、伙食太差，弄得自己没心思考试。刚开始楠楠抱怨的时候，爸爸只是微笑着看着他，说到后面，爸爸脸色变得有些难看。等楠楠说完了，爸爸说道："楠楠，不是爸爸说你，你总是抱怨学校这里那里，但是为什么你的同学们住在学校就挺好的？其实，主要原因就是你对我们的依赖性太强，你一直住在家里，而家里给你提供的条件太好，以至于你到了学校不太适应，这一阶段你有这样的想法是正常的。但爸爸希望你能独立起来，能够更快适应新的环境，这样你才会更加自信起来。如果你总是这样抱怨，没心思学习，那你以后怎么办？难道你一辈子不离开家吗？"楠楠沉默了，他开始仔细思考自己的感受和想法。

💬 爸妈送给楠楠的话

青春期，你的心理开始逐渐成熟，但还有一点是永远改变不了的：你在爸妈心中，永远是一个孩子。或许就是这样的原因，即使你的个头比妈妈都高了，但有时候还是像一个长不大的孩子。比如，突然从家里出去，成为学校的住宿生，你会觉得浑身不自在，很想念爸爸妈妈。孩子，你们这一代从小就被保护得很好，生活在条件优越的家庭里，爸妈总是呵护着你，怕你冷了，怕你热了，怕你累了，怕你苦了，结果忽视了你的独立性。也怪爸妈，在之前没给你独自在外面生活的机会，使你总是依赖着家里。就算家里再好，总有一天，你也会离开家的，因为外面有更好的未来在等着你。所以，孩子，学会独立，只有独立的男孩子才会更自信。

🔊 你需要了解的知识点

青春期的男孩子处在生理、心理迅速发展的年龄阶段，在你们身上，有"半儿童、半成人""半幼稚、半成熟"的特点。这一时期，你们心里有诸多矛盾，一方面你们极力渴望脱离爸妈，寻求自由独立的生活；另一方面，你们在真正寻求独立生活的时候，往往又表现出依赖家庭和爸妈的现象。

1. 你们尚未真正独立

青春期男孩子具有强烈的成熟感，由于身体发育迅速，个头窜得很高，第二性特征出现，你们明显感觉到自己已经长大成人，渴望加入大人的行列中去。在很多时候，你们要求摆脱成人的监护，独立去做一些事情。其实，你们并未真正成熟，做事也并不能让人放心，还缺乏自我监督的能力。有些心理学家将这一时期比喻为"心理性断乳"时期，意思是青少年想离开双亲的保护以求个人自立的过程。

2. 你要学会独立地生活

在青春期这一阶段，你要学会独立地生活，因为青春期过去，你就将成为一名真正的男子汉。独立地生活，体现在很多方面：你要相信自己能够独立，善于发现自己在生活中的能力，你可以制定一些小的目标，让自己在一个个的成功中体验快乐，进而增强自信心；独立的行为来自独立的思想，当你的想法与爸妈不同的时候，不要急于否定自己的想法，而是试着向爸妈表达自己的见解；某些时候，你需要自己作出选择，诸如参加某类活动、升学报考等。

接触社会，多参与社会活动

青春期男孩子的困惑：怎样通过社会实践活动了解社会？

寒假的时候，楠楠每天早早把作业写完后就闲在家里看书、看电视。妈妈看着楠楠发愁，爸爸提议说："孩子现在长大了，在家里嘛，可以做做家务，但你现在都十七八岁了，应该到外面去吃吃苦，接触一下社会。"妈妈表示同意："这个方法好，前不久，我看到不少孩子在居委会里做社会实践活动，我看楠楠也可以去参加。"爸爸附和说："是啊，我见有的学校发了一张参加社会实践活动的表格，列举了各个居委会在假期为孩子们举办的各项公益活动，内容还挺丰富的，像清理楼道和绿地卫生、健康知识宣传、青少年读书会、为独居老人读报等，其实，我就是想让楠楠参加这样的活动。"

在爸爸和妈妈的建议下，楠楠邀约了几个同学，挨个给居委会打电话，希望能参加一些社会实践活动。后来，他们还真的找到了一个实践的活动——健康知识宣传会。楠楠和朋友小柯先去走访了这个社区的老人，了解了他们身体的状况，然后再结合老人的身体状况，查阅相关的健康知识做准备。等到活动这天，现场来了不少看热闹的人，楠楠觉得有些紧张，小柯安慰说："没事，就把他们当自己的爷爷奶奶不就行了。"楠楠一听，这个主意好，于是，他试着将那些老人当自己的亲人，这样一想，他越讲越好，而且还列举了自己身边的健康事例。活动结束后，有老人来询问相关知识，楠楠也是尽自己所能，详细地说给对方。最后，老人们都夸奖："现在的孩子真是既懂事，又孝顺。"

活动结束后，楠楠回到家瘫倒在沙发上，爸爸问道："很累吗？"楠楠点点头，他说道："有点儿累，我以前很少参加这样的活动，这次整个活动的策划与开展，我都参加了。不过，我觉得值得，尤其是看到像爷爷那么大年纪的老人，还有像奶奶那样慈祥和蔼的老人得到帮助，我就觉得很欣慰。跟他们说话，就像是拉家常一样，特别有意思，有个老人还跟我们唠叨，他在国外的子女好久没回来看过他了，我和小柯当即决定以后有空了去看望他。"

💬 爸妈送给楠楠的话

孩子，你已经长大了，应该试着慢慢地接触社会、了解社会。但在平时的学习生活中，你不是在学校就是在家里，根本就没有机会接触社会。既然相关单位举办了这样的社会实践活动，那么爸妈是鼓励你参加的。通过社会实践活动，你可以了解社会的各个方面，诸如与人打交道、老人的生活等社会百态，这对于丰富你人生经历是大有帮助的。很快，你就将参加高考，进入大学之后，你就相当于半个社会人了，在此之前，你应该为进入社会做好准备。

🔊 你需要了解的知识点

学校经常会组织一些社会实践活动，目的是丰富孩子的假期生活，平时，孩子除了家里就是学校，他们很少有机会接触到社会、了解社会。可能有的家长会怕孩子吃苦，不想让他们参加实践活动，找居委会盖个章就蒙混过去了。但爸妈可不会这样做，既然开办了这样的实践活动，我们就会要求你参加，借此机会锻炼一下你自己。

1. 通过社会实践活动，增强你的自信心

平时的学习生活中，你接触最多的不过是爸妈、老师和同学，但如果你参加了社会实践活动，可以认识更多的新朋友，认识很多跟你不同的人，并在聊天中了解他们的生活。对此，你的自信心将大大增强。

2. 放松你的心理

青春期的心理和生理都处在急剧变化的过程中，许多孩子由于缺乏与外界必要的沟通，在心里形成了一个相对封闭的个人世界。在这样的情况下，应该利用假期组织社会实践活动让孩子走出校园，走出家门，走向社会。在社会实践活动中，孩子们自主策划、完成活动，可以让孩子从相对封闭的状态走向豁然开朗的人际环境。

3. 培养你的社会责任感

社会实践活动本身就是一个公益活动，或者是把公益贯穿到整个活动中。因此通过社会实践这种有趣、活泼的形式，更能有效地提升孩子们的社会责任感。

为自己找一个行为的榜样和偶像

在班会课上，班主任对全班进行了一次匿名式的问卷调查，在这个问卷调查中有这样一项传统的题目："请你写出最崇拜的对象姓名，限定一位。"楠楠看到这个题目，毫不犹豫地写下了"刘德华"这三个字，虽说刘德华太老了，但楠楠就是喜欢他的沧桑，喜欢听他的歌。问卷调查结束之后，班主任当即就"请你写出最崇拜的对象姓名，限定一位"问题展开讨论，他将同学们写出的名字写在黑板上。一时之间，只见黑板上出现了"刘德华""张学友""张国荣"等，全班45名同学，竟然罗列出来了35位崇拜人物的姓名。看着黑板上出现的明星名字，下面的同学脸红了。

班主任开始讲话了："同学们，我不知道你们是怎么回事？我想不明白的是全班竟然没有一个人写华罗庚、陈景润，甚至连居里夫人都落了榜，就连过去得票率一直非常高的周恩来都只有寥寥的五个崇拜者。"停顿了一会儿,班主任说道:"而你们崇拜的偶像竟是刘德华、张学友这样的明星。同学们,他们是偶像明星,但并不意味着他们就是你们崇拜的偶像。你们崇拜的偶像身上应该要有值得你们学习的地方,但从那些明星当中,你们能学到什么?"下面有学生小声嘀咕:"刘德华工作也很认真,他很能吃苦的。"班主任又说:"我没有兴趣评价你们喜欢的偶像,即使个别明星真的值得你们喜欢,那也只是喜欢,而绝不是崇拜,许多名人、英雄人物,你们不崇拜,偏偏去崇拜一个明星?你们的价值观完全错了。什么是崇拜?什么是偶像?我想你们应该把这个问题搞清楚了,偶像值得崇拜的原因在于他为社会、为世界、为人类做出了杰出的贡献,在他身上有值得我们欣赏的高贵品质……"

爸妈送给楠楠的话

爸妈记得你刚上初中的时候,十分痴迷明星,看电视的时候经常看娱乐频道;把明星的海报贴在你房间的墙壁;张口闭口就是刘德华、谢霆锋。当时爸妈并没有怎么在意,觉得中学生追星算是情理所在,只要你长大了一点儿,过了那个年龄,自然就不会再痴迷明星了。不过,爸妈没有想到的是,你竟然将明星当自己崇拜的偶像。爸妈经历过你这个年纪,也追过星,你喜欢的刘德华爸爸也喜欢,但爸爸不会把他当自己崇拜的偶像。崇拜的偶像一定要是闪耀着光芒的人，明星身上的光芒大多是制造出来的，而居里夫人等这样的伟大人物，他们身上的光芒是自然而然散发出来的。在他们身上，有许多可贵的品质，更为重要的是，他们为社会、为国家、为人类做出了杰出的贡献。孩子，你应该树立起自己正确的偶像崇拜观，这样才能引导你树立正确的价值观。

你需要了解的知识点

青春期的孩子正处于生理的发育期，性格还没有定型，心理还没有成熟。你们判断好坏的意识还比较模糊，分辨是非的能力还不够强。因此你们在价值观的形成上很容易受到外界的诱惑，在树立人生观上很容易受到社会的左右。在你们这个年龄上所体现出来的特点是"模仿多于自觉，从众多于主见"。尤其是那些明星偶像，对你们的影响力更是巨大：从他们的日常言行，到他们的价值观念；从他们的穿着打扮，到他们的对观众的态度都是你们模仿和追随的范本。但你们如此的态度是不合适的。

1. 所谓"明星"给你们带来的负面影响

现代社会，在经济飞速发展的同时，人们的价值观念也日趋多元化。不少媒体为了吸引眼球，为了聚集人气就大搞造星、选秀活动，电视上天天都是俊男靓女，大款、大腕星光闪耀，明星的举手投足都是新闻，他们的生活细节被无限放大，所谓的"绯闻"占据了整个版面。这些让你们完全迷失了自我，在你们看来，明星的生活才是最成功的生活，明星的行为才是正确的行为，把明星当偶像，把明星当完人，至于那些并非爱炒作的媒体制造而真正为社会进步、人类生活更美好作出贡献的真正的伟大人物统统都被你们抛到脑后。

生活需要娱乐，但并不是以娱乐为主，明星的作用在于给我们带来娱乐，但缺少了他们，我们还是一样的生活。当然，不否认有个别极少的明星值得我们欣赏，但也千万不要把"崇拜""榜样"的字眼用在他们身上。脱下了光鲜亮丽的装扮，他们一样是普通人，说不定他们身上还有一些你不能容忍的缺点。所以，不要迷恋明星，更不要把明星当偶像，你应该树立新的榜样。

2. 找回失落的崇高理想，重塑新的偶像

一直以来，中华民族的传统中，就是把那些威武不能屈、富贵不能淫的人当崇拜的偶像，就是把那些为国立功、为民请命、为社会作贡献的人当偶像。古有屈原，今有张自忠等在战场上牺牲、捍卫了这个民族血脉的抗日卫国英雄；古有抗金名将岳飞，今有在那十年最黑暗的岁月，不惜以自己的生命和鲜血捍卫真理、只为说出真相的弱女子张志新；古有刚直不阿、执法如山的包拯，今有一生都在平凡岗位上默默为民众奉献、揭露丑恶、遭受强权打压的"中国民间防艾第一人"高耀洁……这些闪光的名字犹如一颗颗璀璨的星星在中华大地的天空上熠熠生辉。也只有他们,才能真正成为你崇拜的偶像;也只有他们,才能帮助你重新树立正确的人生观和价值观。

假期打工,多历练自己

青春期男孩子的困惑:我也需要打工吗?

高考结束后,同学们都在商量着去哪里玩,有的去旅游,有的去乡下体验生活。朋友小柯也问:"楠楠,这个假期有什么安排吗?"楠楠回答说:"我没什么安排,就是在家里等成绩吧?你呢,有什么打算?"小柯回答说:"我以前不是一直跟你说我想要一辆摩托车吗?""是啊,可你现在有钱买吗?"楠楠问道。小柯有些兴奋地回答:"很快就有了,我决定这个假期去打工,可以挣点儿钱,也算是找个事情做。"楠楠眼睛一亮:"这个主意不错,我这个假期也正好没什么安排,我也想去打工,咱们一起吧。""好的。"小柯答应了下来。

回到家,楠楠向爸妈说了自己的想法,爸爸当即赞成:"挺好的,打打工,不要在意挣了多少钱,而重在体验生活。"妈妈有些担心:"可是,你年纪还很小,社会很混乱的，万一遇到坏人怎么办？再说，打工很辛苦的，妈妈担心你做不来。"楠楠反过来安慰妈妈："妈妈，没事，我和小柯一起，彼此有一个照应，而且小柯所找的工作是他舅舅的餐馆，安全问题你就不用操心了。至于辛苦嘛，虽然我在家里什么都没干过，但我会试着去认真干活的，我也想独立地生活一段时间。"见儿子说得头头是道，妈妈也不再说什么了。

楠楠的打工生涯正式开始了，早上六点就必须起床，买菜、搬东西，然后餐厅开始正常营业。中午的时候，可以午休一个小时，一直到晚上九点才下班。刚开始一个星期，楠楠和小柯基本是晚上倒头就睡，第二天早上起来浑身疼，两人都想过要放弃，但彼此又安慰着坚持下去。等到一个月快结束的时候，爸妈去见楠楠，发现他瘦了一大圈，晒得黑黑的，不过，无论是眉眼还是说话，楠楠看上去都成熟了。楠楠数着手里的钱，有一种很深刻的感悟，原来挣钱这么不容易，以前不知道钱来得不容易，总是大手大脚，看来自己要节约了。他还想好了，自己第一个月的工资全部用来给爸妈买礼物。

爸妈送给楠楠的话

孩子，当你告诉爸妈自己想利用假期去打工的时候，爸妈有些吃惊，本来我们的家庭条件并不差，不需要你出去挣钱。另外，妈妈很心疼你，不想让你太累。但是，后来经我们认真商量，觉得这未尝不是一个好的方法。现在你已经高中毕业，即将升入大学，对于你来说，在这一时期，需要更多地体验社会、熟悉社会，为今后进入社会做准备。不仅如此，像你这样的青少年打工，目的并不是为了挣钱，而是为了锻炼自己、体验生活。这对于你的人生经历来说，无疑算是最充实的一课。所以，对于你想打工的请求，爸妈答应你了。其实，就算你不主动说想去打工，我们也会建议你在大学期间做做兼职，借机体验生活。

你需要了解的知识点

在世界许多国家，都有青少年打工的现象。大多数人会认为学生应该把所有的时间花在学业上，把学业当成自己的"工作"。但是学习和生活搭配均衡，对青少年的成长是最好的，而均衡的业余生活就包括打工。这是因为只重视学业的生活并不均衡，这可能会使你错过其他珍贵的学习经验，而打工除了能丰富你业余生活以外，还可以拓展你的经验。在打工的过程中，你可以认识各行各业的人，还会面临许多不同的问题。总而言之，打工对于青少年来说，无疑是益处多多。

1.通过打工，可以锻炼你自己

青少年可以通过打工来达到锻炼自己的目的，现在，许多孩子整天学习，成了十足的书呆子。这样一味地固守书本不去参加实践对于孩子来说是只有弊而无利。而打工则可以很好地发挥益处，如许多优秀的学生在课外给低年级的学生补课，在打工的同时，还巩固了自己的知识。如此看来，通过打工，孩子不仅可以实现自我价值，而且可以增强自己的沟通能力。

2. 通过打工，让你体会到生活的艰辛

现代社会，不少孩子过着衣来伸手、饭来张口的生活，他们不懂得生活的艰辛，也不明白家长挣钱的辛苦。爸妈同意你打工，有一个重要的原因就是让你知道爸妈赚钱真的不容易。同时希望你们能改变花钱大手大脚的坏毛病。

3. 小心上当受骗

当然，像你这样的年纪出去打工，爸妈很担心你上当受骗，我们经常在电视或报纸上看到，有学生外出打工惨遭不法之徒的伤害。你们涉世未深，对社会的认知程度低，对陌生人毫无戒备之心，有可能到最后连被骗都不知道。所以，孩子，如果你有打工的想法，一定要选择熟悉的老板或者信任的朋友介绍的地方，不要一个人出去找工作，否则很容易被骗。有什么事情一定要和爸妈商量，不要一个人做主。

参考文献

[1] 沧浪. 成长的秘密：青春期男孩心理成长手册[M]. 北京：中国妇女出版社，2016.

[2] 胡琳. 父母送给青春期男孩的枕边书[M]. 北京：中国纺织出版社，2015.

[3] 沧浪. 男孩成长记[M]. 北京：中国妇女出版社，2016.

[4] 章程. 送给青春期男孩的成长礼物[M]. 北京：化学工业出版社，2016.